中小学教育智慧文库
ZHONGXIAOXUE JIAOYU ZHIHUI WENKU

班主任那些事儿

崔艳茹　徐　伟◎编著

暨南大學出版社
JINAN UNIVERSITY PRESS

中国·广州

图书在版编目（CIP）数据

班主任那些事儿/崔艳茹，徐伟编著. —广州：暨南大学出版社，2021.12
（中小学教育智慧文库）
ISBN 978-7-5668-3230-6

Ⅰ.①班… Ⅱ.①崔…②徐… Ⅲ.①初中—班主任—工作 Ⅳ.①G635.16

中国版本图书馆 CIP 数据核字（2021）第 181253 号

班主任那些事儿
BANZHUREN NAXIE SHI'ER
编著者：崔艳茹　徐　伟

出 版 人：张晋升
责任编辑：李倬吟　傅　迪
责任校对：张学颖　刘小雯
责任印制：周一丹　郑玉婷

出版发行：暨南大学出版社（510630）
电　　话：总编室（8620）85221601
营销部（8620）85225284　85228291　85228292　85226712
传　　真：（8620）85221583（办公室）　85223774（营销部）
网　　址：http：//www.jnupress.com
排　　版：广州尚文数码科技有限公司
印　　刷：佛山市浩文彩色印刷有限公司
开　　本：787mm×1092mm　1/16
印　　张：9
字　　数：180 千
版　　次：2021 年 12 月第 1 版
印　　次：2021 年 12 月第 1 次
定　　价：39.80 元

前　言

撰写本书，缘于一次偶然的谈话。

那次与几位老师聊天时，其中一位说，班主任的事情太多了，不知道从何处入手，每天都忙忙碌碌的，从学期初忙到学期末，不胜其“繁”。

静思下来，其实每个学期的工作大同小异。能不能把班主任要做的那些事总结一下呢？于是我萌生了写一写自己班主任工作的那些事儿的想法。

第一编为“班会课例”——德育工作的主阵地之一。现在有一部分班主任不太喜欢开班会，原因是设计一节班会课很麻烦，所以他们更喜欢直接用命令或说教的方式来传达自己的教育理念，但是效果并不好，所以我整理自己的班会课例，根据初中生的特点，用简洁的语言和形式形成本编内容，基本覆盖了初中三年可能涉及的问题。

第二编为“班级精细化管理与班级主题文化建设”——班级管理的基础和特色。班级的班风和学生习惯的形成，是一个班级发展的基础。一个有秩序的班级会让班级各项工作有条不紊地开展；一个有文化的班级会让学生身心愉快地成长。

第三编为“用文字架起沟通的桥梁”——沟通是家校合作的前提。家校合作才能使教育“双赢”，才能发挥教育的最大合力。本编内容主要是班主任在一些重要节点写给家长的信。

第四编为“师生风采”——演讲是展示师生魅力的舞台。学校会在一些重要的日子进行固定的教育，比如禁毒日就要跟学生宣传禁毒的相关知识，这些每年都要做，所以通过演讲，能让师生展现自己的风采，也能展现教育的魅力。

第五编为“好书推荐”——阅读是最好的自我提升方式。阅读是一个人丰盈自我的最好途径，通过阅读，学生可以徜徉在名著的世界中，可以领略不同的文化风景，可以有自己的情感体验。本编节选了部分学生的好书推荐作品。

当然初中班主任工作还有一些重要的板块，如潜能生的教育和管理等，本书未涉及，但是我期待以后能够有机会把这部分内容也整理成册。

作　者

2021 年 5 月

目　录
CONTENTS

第二编　班级精细化管理与班级主题文化建设

第三编　用文字架起沟通的桥梁

第四编　师生风采

第五编 好书推荐

附 录

第一编

班会课例

主题班会1：我的军训

设计及思考

2015年8月30日，从接手初一（6）班的那一刻起，我就在想，如何把我的班级带成有自己风格的班级，如何能尽快地建立起一个有团队意识、有责任感、有担当、有荣誉感的集体。

“游戏是儿童的天性。”在游戏中，孩子会展露自己的天性，会表现自身的特点，所以游戏是最好的教育方式。而对于初一刚刚入学的学生来说，有一个大型“游戏”——军训。

以往军训时，都会有这样的现象：第一种现象，学生身体没有问题，但是家长担心孩子在军训基地吃苦、受累，不忍心也不放心让孩子参加军训，所以想方设法地跟老师请假，理由千奇百怪，让老师头疼不已。第二种现象，学生患有哮喘、心肌炎、心脏病等，家长却隐瞒病情，让孩子坚持参加军训，理由是不想让其他学生瞧不起自己的孩子，不想让孩子自卑。无论怎样做工作，家长都会坚持说，小孩虽然患有这样的疾病，但是在小学都没有问题，是可以参加军训的。还有第三种现象，是近几年才出现的，那就是学生患有抑郁症。虽然比例不大，但影响是非常巨大的。一位患有抑郁症的学生（小学时多次自杀未遂）的妈妈痛哭流涕地对我说：“老师，我求求您了，让我的孩子去军训吧，她不想让其他学生知道她有这样的情况，她想重新开始。”

造成这些现象的理由各不相同，但大多是因为不了解军训的内容、目的和意义。因此，让家长、学生了解这些是非常重要的。从教育的角度出发，班主任有责任让家长和学生明白，“贵智”“重德”都是非常重要的，但是在这两者之前应该还有一个重要的条件，那就是“强身”。毛泽东曾提出一个著名的口号：“欲文明其精神，先自野蛮其体魄。”然而强身不是伤身，强身是在身体健康的情况下，不断地加强自身素质。

基于以上的思考，我决定对学生和家长进行军训方面的教育。

初一刚刚入学的学生，还处于相对听话的阶段。一般来说，父母做出决定后，孩子基本上是顺从的，所以我决定召开一节家长和学生共同参与的军训班会课。初一学生军训不仅能增强学生的体质，锻炼学生的意志，还能培养学生的团队意识、爱国意识，培养学生成为有责任、有担当、有荣誉感的好少年。所以军训前，我就开始带着学生一起设计班旗、班徽、班服；军训中，带着学生进行文明寝室、互助小组、关爱他人、个人奋斗、板报的评比，同时配合基地开展班际拉歌、班际比武、班际晚会等活动；军训后，举行隆重的颁奖仪式，开展军训感悟、军训手抄报等展示活动。通过这些活动，强化学生的班级意识和团队精神，激发学生的参与兴趣和对班级的热爱，达到培养学生成为有责任、有担当、有荣誉感的好少年的目的。

短短几天的军训，学生在行为习惯、内务整理、团队意识等方面都有了很大的提高。但是我们也要反思一下，作为班主任，是否认真思考过军训时我们应该做些什么？怎样做？目的是什么？

适用年级及时间

初一新生入学（新生军训动员会）。

内容及过程

一、我心目中的军训

学生和家长自由发言，表达自己对军训的看法，班主任随机引导。

活动目的：通过学生、家长发言，初步了解学生、家长对军训的了解程度，让学生和家长快速熟悉起来。

二、走进军训生活

（一）揭开军训的“面纱”

也许你听过，军训是很累的，每天都在训练；也许你听过，军训的教官很凶，总是骂人；也许你听过，军训的伙食很难吃，会挨饿的……那么军训到底是怎样的呢？我们来揭开它的“面纱”。（PPT 展示军训的内容、军训的伙食。）

（二）睡在我上铺的兄弟（人际关系、生活习惯等）

一个房间里可以睡多少人呢？怎么睡呢？（PPT 展示高低床。）衣服脏了怎么办？洗好的衣服晒在哪里？我们该如何处理这些问题呢？“文明寝室”又会花落谁家呢？一起走进小小的寝室、大大的家。

（三）谁都不能把自己当成唯一

在家里，你是唯一，因此家人都围着你转，事事迁就你；在这里，你是之一，没有人会无条件、无原则地让着你，所以我们要懂得谦让、合作，这才是群体生活的法则。谁能掌握这个法则，谁就会成为群体里受欢迎的人，反之，就没有办法得到认同，甚至会被孤立。

（四）给特别的人一个拥抱

总有一些人是特别的，但是没有人愿意成为这样特别的人。因为这些特别的人，可能先天就患有一些疾病，可能后来得了一些疾病，也可能恰巧这段时间身体不舒服，但是不管怎样，这些都不是他们自己所愿，他们可能无法和我们一起经历这短暂而有意义的军训生活，这是他们的遗憾。但我们是一个群体，一个都不能少，所以我们要给他们一个拥抱，要把我们的军训生活点滴与他们分享。结成交流小组，军训后，负责向未参加军训的同学讲述军训生活。

（五）我有问题要找谁

在集体生活中可能会遇到一些突发的情况，现在我们一起想想，可能会遇到哪些问题呢？如果出现这些问题，应该找谁呢？

三、绿色军营知多少

（一）不抛弃、不放弃

播放《士兵突击》片段。许三多的成长过程，体现了不抛弃、不放弃的精神。绿色军营是一个大家庭，走进了这个大家庭，大家就是兄弟姐妹，互相关爱、互相帮助、团结向上、锐意进取、共同成长。

（二）祖国需要我

1998 年抗洪，子弟兵冲在最前沿。

2008 年汶川大地震，子弟兵奋力救援。

驻守在边疆的子弟兵。

（三）我把后背交给你

和平年代，不是没有硝烟，只是我们感觉不到，因为有人替我们负重前行。我们人身安全、生活宁静、岁月静好，是因为我们的背后有这样一群子弟兵。

四、结束班会

展示设计好的班旗、班徽、班服，在空白的旗子上签名，写下自己的军训宣言。

一起欣赏歌曲《咱当兵的人》，结束本次班会。

主题班会2：走近同伴，靠近朋友

设计及思考

有这样一则寓言故事：南风和北风为了争论谁更强大而吵了起来。北风先说："我们来比试比试吧！看到那位穿大衣的老先生了吗？谁让他更快地脱下大衣，谁就更强大。我先来。"于是，北风朝着那老人呼呼地吹了起来。风越吹越大，最后大到像一场飓风。可随着风的变大，老人反而把大衣裹得更紧了。北风放弃了，他渐渐停了下来，气馁地看着南风。这时，南风用温暖的微笑看着老人，暖风轻轻吹过，不久，老人就觉得热了，他脱掉了大衣。南风对北风说道："看到了吧，温暖和友善比暴力更强大。"

人和人之间相处，需要这种温暖的力量，"良言一句三冬暖，恶语伤人六月寒"。同学之间相处，更需要这种温暖的力量、赞美的力量。友好地对待别人，会让人更容易接受，也会得到更多的回报。

徐特立说："交朋友可以产生强大的力量。"这不禁让我想到一个故事：一位下岗工人，因为无意间帮助了工厂的老板，而得到了工作的机会，并且借此机会重拾成功。

朋友多多，机会多多。在学习生活中，更少不了同伴的支持与合作。所以，学生更应该注重友善交往。

适用年级及时间

初一新班级形成时期。

内容及过程

一、导入

今天，一个新集体正式诞生了。未来三年里，我们会携手并肩，风雨无阻。那么，你知道身边的同学是谁吗？想要了解你的同伴吗？你们能友好相处吗？（PPT展示班会主题。）

二、我要认识同伴

（一）大家一起来

学生自由组合，分成8个小组，每组6人。每组领一张A3白纸、两支不同颜色的油性笔。要求学生在20分钟内，给小组起一个名称、画一个组徽（并阐释组徽意义）、写一句组训。

设置本环节的目的是让小组内的学生在最短的时间内迅速熟悉起来，并互相了解，同时发现有特长的学生，为以后班级发展储备人才。

（二）看看我们的成果

分组展示完成的作品，每组2分钟。

（三）我要赞扬同伴

（1）说说刚刚的活动中，你觉得小组内谁给你留下了深刻的印象。

（2）我从同伴的身上感受到了什么？

（3）我要努力做好自己。

三、我要走近同伴

（1）我能了解你吗？（小组成员互相交流自己的姓名、爱好、毕业学校、特长、性格特点等。）

（2）你讨厌什么呢？（小组成员互相交流自己不喜欢的衣服、电影、游戏、现象等。）

四、请同伴靠近我

（1）我的优缺点。

（2）我的处世格言。（提前写好格言卡，粘到黑板上。）

五、我们怎样相处

（1）了解并尊重同学。

（2）团结并爱护同学。

（3）赞美并包容同学。

（4）肯定并指出同学的问题。

（5）给同伴一个拥抱。（小组内同学互相拥抱一下。）

主题班会3：习惯决定人生

设计及思考

每次看到“思想决定行为，行为形成习惯，习惯决定态度，态度铸造性格，性格决定命运”这句话，就不禁想起好习惯造就好人生。

1961年，苏联宇航员加加林成为世界上第一位进入太空的宇航员。当初选宇航员时有20多位候选人，他之所以能中选，起决定作用的是一次偶然事件。

在确定人选前的一个星期，总设计师科罗廖夫发现，在进入飞船前，只有加加林一人脱下鞋子，只穿袜子进入座舱。就是这个细节使加加林一下子赢得了科罗廖夫的好感。科罗廖夫感到这个27岁的青年如此懂得规矩，又如此珍爱他为之倾注心血的飞船，于是决定让加加林执行这次飞行任务。试想一下，如果加加林平时没有养成这样的习惯，他能有这样的无意识反应吗？能争取到这个千载难逢的机会吗？

巴金说：“孩子成功教育从好习惯培养开始。”但是在生活中，我们经常看到，学生丢三落四，随意摆放物品，找一件东西要把所有东西都翻一遍；作业本、试卷上随处可见因为粗心大意而丢掉的分数；上课时，习惯不好，听课效率不高；写作业时，东看看，西瞧瞧，浪费时间。因此，树立良好习惯、成就美好未来，对每个学生都至关重要。

适用年级及时间

初一年级开学初期。

内容及过程

一、导入

破冰游戏：色卡读字。

在不同颜色的色卡上写下“红色、黑色、白色、紫色、绿色、黄色、橙色、粉色”等，要求少量字卡颜色和文字对应，其余字卡颜色和文字不对应。让学生站起来迅速说出色卡上的字。（PPT展示。）

二、好习惯与坏习惯

（一）情景再现

学生以情景剧的形式，展示一些平时的习惯，表演完毕后自由发表看法。

（二）好习惯大家谈

（1）好习惯及其影响：学习上、生活上。

（2）坏习惯及其影响：学习上、生活上。

三、名人的那些好习惯

展示搜集到的名人的好习惯的资料，并谈谈这些习惯对他们的影响。

四、聆听智者名言

（1）起先是我们造成习惯，后来是习惯造成我们。——王尔德

（2）孩子成功教育从好习惯培养开始。——巴金

（3）少成若天性，习惯如自然。——孔子

（4）习惯是很难打破的，谁也不能把它从窗户里抛出去，只能一步一步地哄着它从楼梯上走下来。——马克·吐温

（5）习惯若不是最好的仆人，便就是最差的主人。——佚名

（6）习惯真是一种顽强而巨大的力量，它可以主宰人的一生。——培根

（7）思想决定行动，行动养成习惯，习惯形成品质，品质决定命运。——陶行知

（8）心若改变，你的态度跟着改变；态度改变，你的习惯跟着改变；习惯改变，你的性格跟着改变；性格改变，你的人生跟着改变。——马斯洛

（9）教育是什么？往简单方面说，只须一句话，就是要养成良好的习惯。——叶圣陶

（10）好习惯是一个人在社交场中所能穿着的最佳服饰。——苏格拉底

五、我有好习惯

讨论并完成自己的好习惯卡，课后张贴在班级板报上。

主题班会4：争做班级小主人

设计及思考

毛遂自荐[①]的故事，流传千百年。但是最近几年我经常感叹，班级中学生自荐担任班干部的越来越少，甚至推诿任命，学生都不愿意承担，为什么会这样呢？部分家长直言不讳地告诉我，他们不愿意让孩子担任班干部，因为会耽误孩子的学习，希望孩子全身心地投入学习，不要参与其他与学习无关的事情。

清华大学招生就业官网在自主招生专栏明确指出，其自主招生包含三个类型。其中，“类型1：学科竞赛类”主要面向具有各学科竞赛突出特长的学生；“类型2：研究创作类”主要面向在科技发明、研究实践、文学创作、创意创新等方面具有突出表现的学生；“类型3：突出才能类”主要面向在语言、逻辑、智力、记忆、国学等方面具有特殊天赋或才能的学生。可以看出在招生类型3中，语言能力是排在第一位的。

我们也看到，名校越来越注重学生的综合素养，自主招生的比例也越来越大，单纯的裸分已经不能适应自主招生了，那怎样提升自己的综合素养呢？承担班级工作是一条有效途径。

适用年级及时间

初一。

内容及过程

一、导入

以央视节目《主持人大赛》的视频片段导入，学生自由谈感受。追问怎样才能做到：在开场三分钟的即兴表达环节上，主持人给出一个选题，选手们只思

---

① 毛遂是战国时代赵国平原君的门客。秦兵攻打赵国，平原君奉命到楚国求救，毛遂主动请求跟着去。到了楚国，平原君跟楚王谈了一上午没有结果。毛遂挺身而出，陈述利害，楚王才答应派春申君带兵去救赵国。

索十几秒就能马上进行自我展示。

二、活动环节

（一）谁是班级小主人

活动：火线“福”地。

每个小组派出所有成员，不带眼罩的成员 A 用语言指挥戴着眼罩的其他成员通过“雷区”，前往“福地”。触碰“雷区”，则按所对应要求进行惩罚。

根据用时长短记 5 分、4 分、3 分、2 分、1 分。

小组讨论，再派一个代表汇报。

问题 1：这个活动中，成功的关键是什么？

问题 2：你怎么看待小组的指挥员？

活动的目的是让学生明白团队共同完成一件事，想要成功，一定要通力合作、互相信任，必须要有最佳的领导者。

（二）主人地位体现

班级需要哪些领导者？这些领导者需要完成哪些工作？这些领导者需要具备哪些能力？（沟通能力、组织能力、表达能力、合作能力、领导能力、协调能力、责任感等。）

（三）谁最了解“我”

（1）自己眼中的自己是什么样？

（2）别人眼中的自己是什么样？

（四）写出你可以胜任的工作岗位

班长、体育委员、纪律委员、劳动委员、生活委员、眼操员、课代表、小组长等。

（五）上台竞选

发表 3 分钟演讲，竞选工作岗位。

三、结语

你可能不了解自己，你可能不相信自己，你可能不知道你的极限在哪儿，给自己一个舞台，给自己一个方向，给自己一个空间。让时间告诉你，你应该了解自己；让经历告诉你，你最好相信自己；让挫折告诉你，你的极限在哪里。

认识自我、挑战自我、完善自我，努力成为班级小主人。

主题班会5：激发斗志，追求卓越

设计及思考

我经常发现学生对什么都不感兴趣，也很无所谓，甚至偶尔会出现一种怪现象——不上进、不积极是一种时尚，而努力向上、积极拼搏却被嘲笑。老师、家长的动员，很多时候是苍白无力的，而学生对此更是嗤之以鼻，为什么会出现这种匪夷所思的现象呢？我想原因是多方面的：个体的、家庭的、学校的、社会的都有。但是有一个共同的地方应该是，学生想要的东西太容易得到了，无须拼搏就能轻而易举地得到。既然如此，哪里需要斗志？没有斗志，哪来的超越？我们得让学生明白：只有“会当凌绝顶”，才能“一览众山小”。

适用年级及时间

初一、初二、初三（期中或期末考试前两周）。

内容及过程

一、导入

以电视剧《士兵突击》中反映许三多成长变化的视频片段导入。

二、思考

（1）许三多是一个什么样的人？（出身、天赋、能力、性格、文化水平。）

（2）许三多变化的主要原因是什么？（内因、外因。）

（3）你觉得许三多成功了吗？怎样评价他？

（4）许三多带给你怎样的启示？请写一段感悟。

我是一只不断觉醒的蜗牛

我是一只蜗牛。

我做什么都慢，出生都比别人慢，为此妈妈总是说，她是牵着蜗牛在散步。

但是我不觉得有什么问题，我也不觉得有什么不好，干吗那么快呢？那么快做什么呢？每次都是很晚写完作业（写不完就算了），上学也晚，晚就晚了吧，最多就是给班级扣两分，可是这对我有什么影响吗？没有啊，最多被老师批评几句，被班级的狂热分子讥笑几声，可是这对我有什么影响吗？没有啊。听课也慢，别人都会了，我还是不会，为此老师想尽了办法，想帮我提高，可是我不在乎啊，反正我也考不上高中，总会去职校的，多考几分和少考几分有什么区别吗？没有啊。所以我的日子过得惬意而舒爽，无所畏惧。

今天我看到《士兵突击》里的许三多，我发现，其实我比许三多快多了，起码我跑步是很快的，我的协调能力是很好的，我能够完成体育老师的所有指令。如果语文老师非逼我学习，我还是可以考到一个不错的分数的；数学老师抓我，我还是可以让他微笑的；英语老师虽然麻烦点，但也是勉强可以过关的；至于物理、化学，要是真的拼一拼，也是可以让老师牵动嘴角、同学张大嘴的。可是我就是不愿意啊，我总觉得我的能力就是这样，没有必要去逼迫自己，可是许三多这家伙太奇怪了，就他那天赋居然成为"老 A"，那是个什么概念？最难做到的兵王啊！他凭什么能超越各方面都比他强的成才，凭什么？是啊，凭什么呢？我不断地想着，可是老师给看的片段太短了，我觉得还不够，反正我一直都是慢的，就再慢一次吧。放学回家我找出这部电视剧，连着"刷"了三天，然后我明白了：首先，得明白自己的优缺点，更得懂得如何去取长补短，这是成功的关键。其次，勤奋、坚持、不放弃是成功的保证，许三多那样的士兵都能靠着这几个字成为兵王，还有什么是不可以尝试的呢？最后，人得学会抓住机遇，许三多每次在机会来的时候都能抓住，为什么呢？因为他一直都在准备着，时刻准备着，待人真诚，让他有人帮；时刻提升自己的实力，让他在比拼中脱颖而出。这就是他成功的关键。

想想，我比许三多聪明、有智慧，却缺少了他的执着、勤奋、坚持的精神。我觉得我可以去做一件事，坚持做。放弃做的一件事：这是我最后一次迟交作业了。

我是一只觉醒的蜗牛。

三、迁移

（1）在学习中你是成才还是许三多？

（2）请写出你一直坚持做的事有哪些？为什么你会坚持做这些事？

（3）学习上你坚持做的事有哪些？是什么力量让你坚持做下来的？

（4）说说你坚持做一件事情后的感受。

四、拓展

挑战一项学习上你平时绝对不可能做的任务，坚持做21天。

时间	学习任务	完成情况	心理情况
周一			
周二			
周三			
周四			
周五			
周六			
周日			

主题班会6：为生命本身好好活着

设计及思考

2019下半年的某一天，和其他老师聊天时，听说附近学校有一个小学生跳楼自杀了。跳楼的直接原因是学生没有写完作业，受到老师的批评。

这是一个非常优秀的学生，但是仅仅因为老师的一次批评就永远离开了这个世界，令人不胜唏嘘，更令人深思。表面上看，是老师的批评导致孩子跳楼，但是仅仅如此吗？我们不妨更深层次地去思考一下，10岁左右的孩子得下多大的决心才能毅然决然地从楼上跳下去啊！是什么毁了他活着的信念？是什么让他走上了没有返程的道路？

记得听过一场讲座，近年来自杀的人数在不断增加，青少年自杀的比例在不断攀升，尤其是在校学生的比例在增大。作为老师，我们痛心。痛心之余，我觉得更应该深思自杀人数上升背后的原因，更应该教会学生为生命本身好好活着。

适用年级及时间

初一、初二、初三。

内容及过程

一、导入

用尼克·胡哲的演讲视频导入。学生看过视频后，自由谈感想，引发对生命的思考。

二、讨论与分析

（一）我们为什么而活

比如，为父母、老师、成功、价值、自己而活。

生命是自己的，我们可以背负父母、老师的期待，可以努力追求成功，创造价值，但这些都是自己活着的过程，是让自己生命变得精彩的形式，而不是生命本身，我们是为自己而活。

（二）我们活着的目的是什么

比如，是学习、工作、生活、活着。

活着的目的不仅仅是学习、工作，也不仅仅为了生活，生命本身的目的就是活着。活着才能去学习、工作、生活。活着是生命个体存活的体现，是为了以个体的形式展现生命的过程，其他都是附加。学习是为了更好地活着，工作是为了更好地活着，生活的高品质是活得精彩的表现。所以活着的目的首先是活着，其次是高品质地活着。

（三）我们应该怎样活着

比如，应该有兴趣、有爱好、有责任、有学识、有修养、有品质地活着。

应该怎样活，一千个人有一千种答案。各人有各人的活法，各人有各人的追求，没有标准答案，但怎样活着应该是有条件的，不能麻木不仁、是非不分；不能“戚戚于贫贱，汲汲于富贵”，也不能只为功名而活，更不能为别人而活，应该让自己的生命丰富多彩：有兴趣、有爱好、有责任、有学识、有修养、有品质。

三、礼赞生命

（一）教师朗读

生命的意义是什么（节选）

徐敬东

关于生命意义的问题是每个人心中都存在的疑问，如果你对自己的人生认真一点，你肯定会问这个问题：生命的意义是什么？这个问题只能分享感受和体验，不用分享理论，因为理论没有说服力。

…………

我一下子悟了，也就是意味着：你的人生你做主！你决定给你自己的人生一份什么样的意义？你到哪里求？没有人给你使命！上苍是公平的，不会赋予某人特殊的使命，这就是上苍的慈悲。如果上苍赋予你使命，然后让你完成它给你的使命，那不是它最大的自私吗？它哪有那点私心啊？它哪有可能让你为它干活？你自己去设定，这才是上苍对你的慈悲。这就是为什么你要给你的人生赋予一份特别的意义。这是我永生难忘的，每一个字都清清楚楚地敲在心里。

（二）学生朗诵

信仰：生或者死——读海子、史铁生（节选）

文继炬

“从明天起，做一个幸福的人/喂马，劈柴，周游世界/从明天起，关心粮食和蔬菜/有一所房子，面朝大海，春暖花开。”

有些忧郁、有些沙哑的声调，在宽阔的教室上空回荡。我忽然有种难以抑制的想哭的感觉。这是一种久违的感觉，我只在少年时才经常体验。我知道，是海子又一次拨动了我心中那根柔软的神经。

海子——诗歌的王子，他把金黄的麦地、邈远的天空，还有那让自由的翅膀飞翔的黑夜定格成永远的经典，他的纯正的歌唱让人感动，可是，他又让人无法释怀！他把自己，连同那间“面朝大海，春暖花开”的房子，一并交给了来去无踪的风。他为什么这样地“倾心死亡”，让自己25岁的灿烂年华被碾压成飞动的碎末？贫穷、孤独、倏忽而降又倏忽而逝的爱情就能成为他毁灭生命的理由么？他何以会如此奢侈地让自己辉煌的才华随同流水而去？他对给了他那么多痛苦和希望的生活有眷恋吗？他是带着怎样的心情置热爱他的人们于不顾的呢？

与海子如同流星一般划过天际的短暂生命相比，史铁生成就的则是另一幅人生图景。那个在21岁的坎上突然瘫痪了双腿的青年，那个望着天上北归的雁阵，听着李谷一甜美的歌声会突然把眼前的玻璃砸碎，把手头的东西摔向四周的墙壁的青年，那个令他的母亲忧心如焚、备受煎熬的青年，有一天，在地坛沉静的氛围中，在周围喧嚣不已的生命图景前，终于大彻大悟，想明白了：“死是一件无须着急去做的事，是一件无论怎样耽搁也不会错过的事。为什么不活下去试试呢？”

他们，一个那样决绝地舍弃生命，一个却幽默地嘲笑死亡；一个给世人留下无尽的遗憾，一个却让人们对高贵华丽的生命充满敬仰。人，为什么而活着？人，又是为什么而死去呢？

在超越自我局限的路途上，史铁生享受了无穷的快乐，尽管除了两条腿，他的两个肾也坏得差不多了，用他自己的比喻就是：一架飞机，两个起落架和两个发动机全坏了。面对病痛和死亡而谈笑风生，他的内心有着怎样的宁静和安详啊！

“生还是死，这是一个问题。”哈姆莱特的诘问至今不能让人忽视。我想，某种程度上，历史是为这种思考而存在的。中华民族世世代代地活在那些平凡抑或杰出的生里，也活在那些寂寞抑或壮烈的死里……

（节选自《时文选粹》第2辑）

四、生命箴言

（1）生命是美好的，一切物质是美好的，智慧是美好的，爱是美好的！——杜伽尔

（2）生命，那是自然会给人类去雕琢的宝石。——诺贝尔

（3）应该笑着面对生活，不管一切如何。——伏契克

（4）只要愿意去做，人无所不通。——艾略特

（5）世间的活动，缺点虽多，但仍是美好的。——罗丹

（6）珍爱生命，不枉来世走一回。——佚名

（7）内容充实的生命就是长久的生命。我们要以行为而不是以时间来衡量生命。——小塞涅卡

主题班会7：男生·女生

设计及思考

我经常在班级里看到男生、女生没有距离感，嘻嘻哈哈打成一片，甚至勾肩搭背，一方面觉得同学之间关系和谐，另一方面也觉得孩子们没有性别界限，这样不太好。有一天课间操时，班里一个同学告诉我，有一名女生跑到男厕所去了，我大吃一惊，甚为担心，于是赶紧找到这名女生了解情况。女生淡定地告诉我：“老师，您别多想，就是我们两个闹着玩，正好他去厕所，我也没有多想，追着就进去了。”听完女生的话，我觉得非常有必要给学生们上一节这样的班会课。

另外一个触动我上这节班会课的原因来自家长。有一次家长会，一名女生的妈妈说：“老师，我家孩子一天到晚总想着打球，爱跑啊跳啊，就不能斯文点、

安静点，一点都不像女孩。”紧接着一名男生的妈妈说：“我也特别惆怅，我家的是男孩，一说话脸就红，声音又细又小，什么运动都不喜欢。”听完她们的话，我感慨颇深，是啊，现在的男生和女生就像换了性子似的，我纠结着应该怎样开展对男生、女生的教育。

适用年级及时间

初一、初二、初三。

内容及过程

一、班级学生日常图片展示

展示男生、女生日常相处的亲密照片。

思考：从图片中能看出什么吗？

目的：引导学生发现男生、女生相处时应注意保持距离的问题。

二、男生和女生的差别

（一）女生眼里的男生

女生把提前做好的卡片贴到黑板上：大多数性格粗犷、豪迈、不拘小节、灵活、坚强、独立、爱运动、爱打闹、爱逞强斗狠、容易激动、易怒；高大、体重偏高、力气大等。

（二）男生眼里的女生

男生把提前做好的卡片贴到黑板上：细腻温柔、小心眼、爱嫉妒、敏感脆弱、坚韧等；纤细、婀娜等。

三、辩论：男生、女生交往需要把握尺度吗？

结论：①和平友好地相处，不仗着各自的条件欺负对方。②互相尊重，尊重性别差异，不嘲笑对方出现的生理特征。③要有一定的边界感，不能有亲密的肢体接触，不能越界到对方领域（如洗手间）。

四、结语

适度且有尺度是男生、女生交往的底线，不跨界、不越线，保持彼此心中美好的情感。

主题班会8：同窗路上，感恩有你

设计及思考

学生进入初中后，学业压力增大，身体激素分泌过多，开始出现各种叛逆行为，同学之间因为一点小事就吵得不可开交，甚至拳脚相向。为了营造和谐的班级氛围，创造良好的学习环境，让学生能够感受到同学之间的温情，能够互相理解、互相包容，并且能够学会感恩陪伴在自己学习路上的人，我特别设计了本节班会，让学生学会感恩，感恩同学、感恩父母，感恩生活中给予过帮助的所有人，珍惜那些情、那些爱。

适用年级及时间

初一、初二、初三（下学期五月份）。

内容及过程

一、情境导入：同窗路上，回忆有你

通过展示学生一起生活的照片（配乐）导入。

看着这一张张照片，记忆的闸门豁然打开。那一张张笑脸，一个个温情的瞬间，一抹抹美好的回忆，都定格在记忆深处，因为有你，让我如此难忘。

二、同窗路上，难忘有你

（一）真情分享

游戏：吃蛋糕。

要求：①拿着长手柄的勺子，挖蛋糕给自己吃。②用同样的勺子挖好蛋糕，分给对面的同学吃。③分享吃蛋糕的心得。

小结：求学虽然是一趟孤独之旅，但求学的路绝不是一条独行的路，在这条路上我们需要同伴，需要帮助。同窗路上，我们会记住这个难忘的时刻。

（二）××，我想对你说

说出你和同学之间有趣的事情、尴尬的事情、令你感动的事情或者你觉得很遗憾的事情。

小结：同窗路上，无论是有趣的还是尴尬的，是令人感动的还是令人遗憾的，是痛苦的还是甜蜜的，因为同窗路上有了你，所有的事情都是令人难忘的。

三、同窗路上，感谢有你

游戏：真情导航。

（1）利用教室里的桌椅和提前准备好的纸箱设置障碍。

（2）用准备好的布带蒙住眼睛，自己跨过障碍。

（3）蒙住眼睛，在同学引导下，跨过障碍。

游戏之后，学生谈感受。

小结：同窗路上，感谢你的帮助、引导，让我走得更远、飞得更高，感谢有你。

四、同窗路上，感恩有你

“感动班级”人物评选：选出帮助同学、引导同学、扶持同学的人，说出他（她）令你感动的瞬间。

小结：铭记那些鲜活的面孔，存储那些难忘的瞬间，感谢那些帮助、引导你的人，感恩成长路上陪伴你的人。

主题班会9：青春我来了

设计及思考

世界上有这样一个角落，角落里有一群人，他们青春飞扬、肆意冲动，他们无知无畏、勇敢坚韧，他们活泼好动、一往无前。但是他们用坚强的信念丈量着人生，用精彩的文字书写着人生。我每天都面对着这样一群充满青春活力的少男、少女，一方面他们迷茫，另一方面他们又有迫在眉睫的升学压力。因此在这一时期他们容易放松对自己的要求，从而出现各种问题。这一关键时期，他们心理、生理都逐渐成熟，与父母的沟通日渐减少，同龄异性间的吸引力日渐加强。因此他们想让大人承认他们已经长大，想向同龄人证明自己强大，但当生活中的问题向他们袭来，而他们稚嫩的肩膀又无法承受时，他们就会变得敏感、忧郁。

丑奴儿·书博山道中壁

［宋］辛弃疾

少年不识愁滋味，爱上层楼。爱上层楼，为赋新词强说愁。
而今识尽愁滋味，欲说还休。欲说还休，却道天凉好个秋。

青春总会有很多意外，无论欢喜还是悲伤，都是组成青春的精彩片段。青春不会逝去，只要心向阳光，只要期望着明天，只要时刻准备着，青春总会有收获。刚刚叩响青春大门的孩子们，无论心里有多少疑惑和激动，老师都应该帮助他们顺利度过心理断乳期，走向成熟。在他们跨入美好青春的大门时，我设计了这次主题班会。

适用年级及时间

初一下学期、初二上学期。

内容及过程

一、配乐诗朗诵

岁　月

席慕蓉

好多年没有见面的朋友，再见面时，觉得他们都有一点不同了。

有人有了一双悲伤的眼睛，有人有了冷酷的嘴角，有人是一脸的喜悦，有人却一脸风霜；好像几十年没能与我的朋友们共度的沧桑，都隐隐约约地写在他们的脸上了。

原来岁月并不是真的逝去，它只是从我们的眼前消失，却转过来躲在我们的心里，然后再慢慢地来改变我们的容貌。

所以，年轻的你，无论将来会碰到什么挫折，请务必要保持一颗宽谅喜悦的心，这样，当几十年后，我们再相遇，我才能很容易地从人群中把你辨认出来。

二、小品欣赏《多彩的青春》

（1）甜蜜的青春。

（2）苦涩的青春。

（3）酸涩的青春。

（4）飞扬的青春。

学生自编小品，取材自日常生活。

三、动画短片欣赏《天堂与地狱》

看完后，学生谈感想。

四、美文欣赏

流年无恙，光阴留香（节选）

黄天健

青春，将我们的记忆拉长，虽然短暂，但青春里那些最美好的风景，像长长的电影画面，在我们的脑海一遍遍放映。回忆，让我们一次次流泪，一次次哭着微笑。青春，是人生的春天，是人生的希望，是人生最美的花朵，散发着春天里最明媚的一缕幽香。青春，让我们的生活丰富多彩；青春，让我们的时光如骏马，奔腾不息；青春，让我们的生命融入最新鲜的血液。

…………

我们相信，青春的那些人与事，都与我们的生命、生活结下了不解之缘。对于缘，我们有时会过于执着，曾经拥有的缘分，我们会无比珍惜。可是，当缘分已尽，我们会默默流泪，惋惜、痛楚无比。于是，常常纠结缘分的来去，常常叹息缘分的逝去，常常感念缘分的美好，常常忧伤缘分的终结带给我们的伤痛。

…………

青春里，我们一往无前，披荆斩棘，当青春已过，走向人生的夏季，向岁月的高峰冲刺的同时，别忘了，把青春这幅画卷轻轻卷起，安放在生命的一角；别忘了，对自己和同伴说声“流年无恙，光阴留香”。春天的花香总会散去，但记忆是不会轻易忘记的。留一份清香在光阴里，留一份爱意给自己，写下祝福在流年深处，但愿我们都不会错过“缘”这份幽幽的清香。

五、结语

走过肆意的青春，享受无畏的青春，留下无悔的青春，编织多彩的青春，这才是青春应有的样子。

主题班会 10：携手环保

设计及思考

仲弓问仁。子曰："出门如见大宾，使民如承大祭；己所不欲，勿施于人；在邦无怨，在家无怨。"仲弓曰："雍虽不敏，请事斯语矣。"——《论语·颜渊》

"己所不欲，勿施于人"，孔子很早就告诉我们，自己不喜欢的不要给别人，可是人类却肆无忌惮地挥霍大自然的馈赠，我们看到大海不断被污染，天空不断下酸雨，土地不断钙化，白色垃圾漫天飞，树木减少，一些野生动物濒临灭绝。人类的生存空间还有多大？地球还能存活多少年？我们还有多少饮用水？这些问题看起来离我们很遥远，但是生活在其中的我们无法回避。

保护自然环境、维持生态平衡，是摆在每个地球人面前的一个重大课题。如果人类生存的家园遭到破坏，最大的受害者是我们自己。地球只有一个，是所有人赖以生存的唯一空间。但是在过去相当长的时间内，我们一度以为环保这个话题离我们非常遥远，甚至和我们没有关系，于是置身事外，或者参与破坏，理所应当地认为，地球那么大，我就丢了一块垃圾，就用了一个垃圾袋而已，没什么影响。但是每个人都这样想，就是很大的问题。随着环境污染的加重，生活环境越来越差，环保意识也逐渐深入人心。作为未来的主人，我们应该携手环保，为保护地球而努力。

真心不希望地球上最后一滴水，是我们的眼泪。

适用年级及时间

初一、初二、初三。

内容及过程

一、观看视频

师生观看环保主题视频《那已经失去的和正在失去的》。

二、朗诵

我们去植树

王宜振

春天里，我们去植树。你端一盆水，我铲一锹土。洒下一滴滴汗珠，栽下一棵棵小树。

马路说："谢谢你呀小朋友，我有了绿荫遮凉。"小山说："谢谢你呀小朋友，我穿上了漂亮的衣服。"河岸说："谢谢你呀小朋友，我有了新的伙伴，再也不孤独。"

春天里，我们和小树一起在春风里歌唱，在春风里起舞。春天里，我们和小树一起在阳光雨露下成长。

一棵棵小树多像我们，我们多像一棵棵小树。

三、身边的污染

①生活垃圾。②工业废水。③空气污染。④一次性筷子。⑤垃圾袋的使用。

四、变废为宝我在行

材料：报纸、塑料袋、空瓶子、旧衣服、一次性筷子、绳子等。

（1）时装秀：自己寻找生活中闲置的物品，并动手制作衣服，布置舞台，表演。

（2）艺术作品展：自己动手将废品做成工艺品，布置展台，展览。

（3）小小科技展：将废品做成科技作品，布置展台，变废为宝。

五、垃圾分类

（1）为什么要垃圾分类?

（2）垃圾怎样分类?

（3）我们可以做些什么?

六、结束班会

在零点乐队《记忆的天空》乐声中结束班会。

主题班会11：学会宽容，善待他人

设计及思考

一天下午放学后，一个学生急匆匆地跑过来，说：“老师，老师，你快去看看，林某把张某推下楼梯了。”我一听非常惊讶，怎么会这样呢？当我匆匆赶到现场时，看到张某瘫坐在楼梯口，周围围了一群学生，交头接耳。我了解详情后，才知道是因为白天上课时，张某反驳了林某的话，让林某觉得很受伤。放学时，两个人在楼梯上遇到了，一言不合，林某就把张某推下楼梯了。本来是非常小的事情，却差点酿成大祸。现在的孩子大多是独生子女，他们自然而然成了家庭的中心，都被家人娇宠着。在这种环境的影响下，他们很容易养成得理不饶人、小心眼、妒忌心强等不良心理。而这种不良的心理状态在很大程度上影响了学生健全人格的形成和发展，让他们缺少宽容心，更不会善待别人，一味地在乎自己的得失。现在学校重视学生的素质教育，素质教育有很多方面，不仅体现在学习上，更体现在培养孩子健康的心态、健全的人格上，这更是教育者的责任。

适用年级及时间

初一、初二、初三。

内容及过程

一、导入

世界上最宽阔的是海洋，比海洋更宽阔的是天空，比天空更宽阔的是人类的胸怀。宽容是一种高贵的品质、崇高的境界，是精神的成熟、心灵的丰盈。宽容是一种仁爱的光芒、无上的福分，是对别人的释怀，也是对自己的善待。宽容是一种生存的智慧、生活的艺术，是看透了人生后获得的从容、自信和超然。

二、情景剧表演

学生自编自演情景剧。

（1）地点：教室内。

内容：学生课间活动时发生碰撞。

（2）地点：球场上。

内容：打球时发生碰撞。

讨论：你遇到过以上情景吗？你是怎样处理的呢？有没有更好的处理方法？

三、听老师说过去的新闻

2013年7月23日晚上8点50分，北京市大兴区庑殿路524路科技路车站旁发生触目惊心的一幕，一名年轻母亲推着孩子经过时与一辆轿车内的两名男子发生冲突，车内男子下车动手打了女子，并突然将童车里的孩子举过头顶，重摔在地。

截至次日上午12点，被摔的孩子仍在天坛医院ICU病房抢救，但情况并不乐观，孩子曾多次呼吸中断。（摘自2013年7月25日《法制晚报》）

讨论：听了这则新闻，你们的感想是什么？

小事争吵，酿成惨案。

各让一步，海阔天空。

宽容别人，善待自己。

善待别人，宽容自己。

四、听老师讲故事

林肯的故事

林肯小时候家境困难，他12岁时不得不终止学业，去做了一个伐木工人。伐木工人伐了木头之后，要在上面写上自己名字的首字母，然后才能领钱，有工人就把自己的名字写在林肯伐的木头上，林肯非常生气。

但是林肯的继母给他讲了一个故事。有一个猎人，一天他发现自己的猎物被别人拿走了，他非常生气，他发誓一定要找到是谁拿走了他的猎物。终于，他发现是一个浑身插满了野鸡毛的印第安人干的。因为他们彼此语言不通只能通过手势来对话，印第安人用手语告诉猎人，这里是印第安人的地盘，不可以在这里装捕兽夹。猎人也打手势说："这是我装的捕兽夹，你不能拿走我的果实。"两个人的模样都很古怪，相互看得直乐，这时猎人想，与其多个敌人，还不如多一个朋友，于是他就大方地将捕兽夹送给那个印第安人了。后来有一次猎人打猎时被狼群追赶，被迫跳下悬崖，醒来后，发现自己被印第安人所救，此后他就成了印第安人的好朋友，和他们生活在一起，共同打猎。

听了这个故事，林肯想，猎人做得很好，这样就少了敌人，多了朋友。

于是他觉得自己应该也要多一个朋友，少一个敌人，他决定原谅那个工人。继母告诉林肯："要学会宽容别人，这样才能使自己的路越走越宽广。要不然，你在社会上就会到处树敌，很难成功。"

林肯成为总统后，他的办公室里挂着这样的条幅——"宽容比批评更能改变人"。

五、聆听智者名言

（1）最高贵的复仇是宽容。——雨果

（2）自出洞来无敌手，得饶人处且饶人。——蔡州道人

（3）开诚心，布大度。——康有为

（4）宽宏精神是一切事物中最伟大的。——欧文

（5）宽容并不是姑息错误和软弱，而是一种坚强和勇敢。——周向潮

（6）与人为善就是善于宽谅。——弗罗斯特

（7）遇方便时行方便，得饶人处且饶人。——吴承恩

（8）宽容就如同自由，只是一味乞求是得不到的，只有永远保持警惕，才能拥有。——汪国真

（9）宽容就像天上的细雨滋润着大地。它赐福于宽容的人，也赐福于被宽容的人。——莎士比亚

主题班会 12：我是家务小达人

设计及思考

2019 年 7 月 10 日，《科技日报》刊登了《劳动教育要补，学业负担要减——教育部解读〈关于深化教育教学改革全面提高义务教育质量的意见〉》一文，文中提道：

要在学生中弘扬劳动精神，教育引导学生崇尚劳动、尊重劳动。虽然以前也总说“德智体美劳”，但这放在最末位的“劳”，常常被忽略。

“这一次，《意见》在劳动教育上单独列了一条。劳动教育被全面纳入培养体系，地位被大大强化。”郑富芝说，教育部准备着手制定两个文件，一个是《关于加强大中小学劳动教育的指导意见》，进行顶层设计；一个是《大中小学劳动教育纲要》，布置具体要求。

在义务教育阶段，关键是要调整、优化课程设置。郑富芝说，要把劳动教育作为义务教育阶段的必修课，要有专门的劳动教育课时，要按照规定和要求开足开好劳动教育课。

郑富芝说，劳动教育要创新，要适应时代发展的特点；针对不同年龄阶段和不同地域的学生，也要采用不同形式。“形式上不要一刀切，宜农则农、宜工则工，只要能达到劳动教育的目的就可以。”

由此我想到，现在学生确实不会劳动，不会整理自己的物品，在家里也不会做家务，因此，我们很有必要教会孩子怎样劳动。

适用年级及时间

初一、初二。

内容及过程

一、导入

故事一

很久很久以前，有一只母羊生了一只小羊羔。羊妈妈非常疼爱小羊，晚上睡觉依偎在小羊身边，用身体温暖着小羊，让小羊睡得又熟又香。白天吃草，也把小羊带在身边，形影不离。遇到别的动物欺负小羊，羊妈妈就急吼吼地保护小羊。一次，羊妈妈正在喂小羊吃奶。一只母鸡走过来，说：“羊妈妈，近来你瘦了很多。吃的东西都让小羊吸收了。你看我，从来不管小鸡们的吃喝，全由它们自己去扑闹哩！”羊妈妈讨厌母鸡的话，就不客气地说：“你多嘴多舌搬弄是非，到头来犯下拧脖子的死罪，还得挨一刀，对你有啥好处？”气走母鸡后，小羊说：“妈妈，您对我这样疼爱，我怎样才能报答您的养育之恩呢？”羊妈妈说：“我什么也不要你报答，只要你有一片孝心就心满意足了。”小羊听后，不觉流下泪，“扑通”跪倒在地，表示难以报答慈母的一片深情。从此，小羊每次吃奶都是跪着。它知道是妈妈用奶水喂大它的，跪着吃奶是感激妈妈的哺乳之恩。这就是“羊羔跪乳”。

故事二

乌鸦是一种通体漆黑、样貌丑陋的鸟，因为人们觉得它不吉利而遭到人类普遍的厌恶，但它们拥有一种真正值得人类称道的美德——养老、爱老。在养老、爱老方面，它们堪称动物中的楷模。据说乌鸦在母亲的哺育下长大，当母亲年老体衰，不能觅食或者双目失明飞不动时，它的子女就四处去寻找可口的食物，衔回来嘴对嘴地喂到母亲的口中，回报母亲的养育之恩，并且从不感到厌烦，一直到老乌鸦临终，再也吃不下东西为止。这就是人们常说的“乌鸦反哺”。

这两个故事的主题是什么？在家里，我们有这样“羊羔跪乳”“乌鸦反哺”的感恩行动吗？

二、家务小达人

（一）叠衣服大战

学生从家里带来衣服，进行三分钟叠衣服比赛。叠得整齐、用时最少、件数最多的胜出。

（二）厨艺大比拼

（1）展示学生在家里做饭的视频。

（2）分享食品。

（3）交流厨艺。

三项得分最高者胜出。

（三）房间规划赛

（1）展示房间设计规划及设计图纸。

（2）播放房间整理视频。

（3）分享设计心得。

三项得分最高者胜出。

三、心得分享

学生分享活动心得。

四、家务劳动计划

时间	洗衣服	洗碗	叠衣服、被子	做饭	扫地
星期一					
星期二					
星期三					
星期四					
星期五					
星期六					
星期日					
姓名： 班级： 照片：					

五、劳动评价（星级）

评价类型	参与活动	态度认真	过程有创意
家长评价	★★	★★★	★★★★
同学评价			
老师评价			

六、名人名篇分享

阅读梁启超的《敬业与乐业》。

主题班会13：战“疫”，我在行动

设计及思考

2020年的春节是一个不平凡的春节，一场突如其来的疫情给我们带来了前所未有的挑战。“元宵坐上无一客，屏前来宾满中华！”本应是校园里最欢腾的时候，却寂静无声，本来应该书声琅琅，却咫尺天涯。因为新冠肺炎疫情来势汹汹，师生都待在家里，严格地按照学校和社区的指引自我隔离，居家战“疫”。因为疫情的蔓延，全国都在共同战“疫”。这个新学期是如此的不同，“停课不停学”，需要学生在家观看“空中课堂”进行学习。

疫情和战“疫”是严峻的挑战，也是同学们特别的“课堂”。“风声雨声读书声声声入耳，家事国事天下事事事关心”，这是我与同学们一起品读过的中华贤哲的名联，梅花香自苦寒来，经历磨难利于成长。在这个特殊的寒假里，我们的经历、观察和思考，相信对我们的成长、今后的人生会有助益。挑战也是机遇，我们的学习不仅仅在学校、在课堂、在书本里。引导学生思考：关注疫情，了解全民战“疫”的进展，在这个特别的冬天，中国经历了什么？你看到了什么？听到了什么？思考过什么？懂得了什么？从中学到什么？作为学生，此时此刻，该怎样做好应做之事？

麦克斯·厄尔曼在《生命所渴求》中说：“培育心灵上的力量，以面对突然而来的不幸。但不要杞人忧天以致心神不宁。众多的恐惧，源自疲乏和孤独。”因此，我们要让学生了解疫情，了解那些爱与温暖，激发学生的爱与责任、勇敢与担当。

适用年级及时间

初一、初二、初三。

内容及过程

一、导入

观看视频《武汉之殇》，带动学生进入课堂氛围。

二、疫情知识

（一）新型冠状病毒肺炎

新型冠状病毒肺炎是一种急性感染性肺炎，其病原体是一种先前未在人类中发现的新型冠状病毒，即 2019 新型冠状病毒。

患者初始症状多为发热、乏力和干咳，并逐渐出现呼吸困难等严重症状。多数患者痊愈良好，部分严重病例可出现急性呼吸窘迫综合征或脓毒症休克，甚至死亡。

（二）新冠肺炎疫情发展

（1）新增病例数量在经过最初的高峰期后，逐渐减少至稳定状态。

（2）境外输入病例数量到达高峰期后，锐减并趋于稳定。

（3）感染疫情人数逐渐减少，趋于稳定。

（4）确诊率在降低，治愈率在不断提高。

三、新型冠状病毒传播

新型冠状病毒传播的主要途径：

（1）直接传播。患者打喷嚏、咳嗽、说话，病毒随着喷出的飞沫传染其他人，这是最常见的途径。针对这种途径的预防措施包括戴口罩、人与人之间尽量保持一定的距离。

（2）接触传播。患者的飞沫沉积在物品表面，其他人接触物品被污染之后，又接触鼻、眼、嘴，通过黏膜导致感染。

四、防疫反思

（一）防疫措施

（1）佩戴口罩。

（2）勤洗手。

（3）用含有 75% 的酒精消毒液消毒。

（4）不去人多的地方聚集。

（5）人与人之间保持一米的距离。

（二）防疫我在行动

（1）致敬最美逆行者：医生、护士、老师、环卫工人、保安等。

（2）设计一张卡片，写上祝福语。

（3）贡献自己力量：红十字会捐款；防疫知识讲解；居家防疫动员；保护野生动物。

五、反思

曼德拉说："生命的伟大不在于永不跌倒，而是跌倒后总能爬起来。"一场突如其来的疫情让我们看到最美逆行者的身影，让我们感受到责任与担当，让我们学会了应对突发事件，更让我们学会了爱与坚守。

主题班会14：不读书，你要青春做什么

设计及思考

湖北一中学校长王桂兰在一次开学典礼上说："不读书，不吃苦，你要青春做什么？"的确，书籍是人类进步的阶梯，读书能增长学生的见识，能拓宽学生的视野，能提高学生的素养，有利于学生健康成长。在阅读中，可体会读书的快乐，陶冶情操，树立理想。

可是为什么要读书呢？读书有什么作用呢？有一则故事，一位记者问一位放羊的孩子："你放羊是为了什么啊？"孩子回答说赚钱。那赚钱干什么呢？孩子说娶媳妇。那娶媳妇是为了什么呢？孩子说娶媳妇好生娃。那生娃是为了什么呢？孩子说，生娃是为了放羊。我们能说放羊娃不对吗？放羊娃没有不对，他的人生、他的眼界就决定了他只能这样循环往复地生活。如果一个人的人生就是放羊—娶媳妇—生娃—放羊，那这样的人生意义在哪里呢？

不能让学生的人生成为放羊娃的一生，知识改变命运，阅读改变思想，所以我们期待学生多读书、读好书。现实却是学生不喜欢读书，或者说不会读书，不知道读什么书。因此，我们决定上一节关于读书的班会课。

适用年级及时间

初一年级开学第十周。

内容及过程

一、导入

莎士比亚说过："书籍是全世界的营养品，生活里没有书籍，就好像没有阳光；智慧里没有书籍，就好像鸟儿没有翅膀。"所以，少年们，一起读书吧！

二、读书分享

（一）老师读书分享

把文字养在心里（节选）

李娟

在云南的丽江古城看到一块石碑，上面写着：天雨流芳。这是纳西族的语言，翻译成汉语就是：读书去吧。多美！

…………

“好书如知己。”当你和书中的人一见倾心，不禁要如此感叹。仿佛心底埋藏多年的话，作者替你说了出来，清丽典雅，字字生香。你们在时光深处相遇的一瞬间，灵魂摇曳，情投意合，心旷神怡。那些文字，不仅忧郁而且明亮，不仅沉静而且飞扬，不仅犀利而且温暖，不仅理性而且唯美。写尽生命的幽微，月白风清。

…………

读书，原来是一阵春雨唤醒一朵花，是一阵风吹醒一片云，是一颗心灵去唤醒另一颗心灵。

（节选自《时文选粹》序言）

（二）学生读书分享

《简·爱》读后感

文君

今天我要为大家推荐的是夏洛蒂·勃朗特的长篇小说作品《简·爱》。

书中的简·爱是一个父母双亡的不幸女孩，从小寄养在舅母家中，受尽百般欺凌，在被送到寄宿学校后，在老师谭波儿小姐的关心和教育下，她以顽强的意志和优秀的成绩完成了学业。为了追求独立的生活，她受聘在桑菲尔德庄园担任家庭教师，与男主人罗切斯特先生真诚相爱。在经历了一番波折后，他们最终过上了幸福的生活。

这本书我读到了“独立”。简·爱是一个让我十分敬佩的女人，她独立自强、刚毅正直、自尊自爱、不屈从于现状。年仅十岁，又瘦又小的她就敢于与骄横残暴的表兄扭打反抗；在离开寄宿学校后她选择了自己的事业——做一名家庭教师；在与雇主罗切斯特先生的交往中她不因自己身份低微而卑躬屈膝，而是不卑不亢，让人另眼相看；在得知罗切斯特先生已有妻子后，她毅然离开，独立前行；在得知表兄只因其合适作为传教士伴侣而打算娶她之时，她冷静而果断地拒绝了他。她宽容过去，挑战未来，不向命运低头。

她说："你以为，因为我穷、低微、不美、矮小，我就没有灵魂没有心吗？我的灵魂跟你的一样，我的心也跟你的完全一样！"

她说："我现在跟你说话，并不是通过习俗、惯例，甚至不是通过凡人的肉体——而是我的精神在同你的精神说话；就像两个都经过了坟墓，我们站在上帝脚跟前，是平等的！"

简·爱的独立坚强、聪慧勇敢深深打动了我，未来的我们是否也可以像她一样果断地、智慧地做出选择？是否也可以像她一样坚守信念、独立前行呢？若是简·爱没有在寄宿学校顶着压力并在艰苦的环境中刻苦学习，奋发向上，她是否还有独立思考、选择生活的权力？我们如今发奋图强既不为老师，更不为家长，为的是我们自己！为未来的美好生活努力，为自己的理想奋斗，更是为能主导自己的人生实现精神上、物质上的独立！

作为初中生的我们，正处于学习积累期和思想成型期，应多读好书，阅览这些闪烁在历史长河中的人性的光辉、精神的激励。大师们是天上的明星，我们抬头仰望星空之时，视野便变得无比宽阔。我们从经典中得到的启示，将会受用终生。

《海底两万里》读后感

嘉茂

今天我想给大家推荐《海底两万里》这本书。

《海底两万里》写于1870年，是凡尔纳最出色的作品之一。故事发生在1866年，当时海上出现了一只被认为是独角鲸的大怪物，法国生物学家阿龙纳斯应邀参加追捕，却意外落水，当他游到怪物的脊背上时才发现，这不是什么独角鲸，而是一艘构造奇妙的潜水艇，这艘潜水艇叫"鹦鹉螺"号。它是船长尼摩在大洋中的一座荒岛上建造的，船身坚固，结构优异，它经得住最汹涌的风浪和深海巨大的压力。潜水艇所需的一切都取自海洋，它利用海水为船上提供热、电和动力。尼摩船长邀请阿龙纳斯乘潜水艇进行海底旅行，他们从太平洋出发，经珊瑚岛、印度洋、红海、地中海、南北两极海洋，进入大西洋。航程中他们看到了许多罕见的海洋动植物和水中的奇异景象，又经历了搁浅、土人围攻、与鲨鱼搏斗、洋山封路、章鱼袭击等险情。

小说情节精彩，海底环境优美，但是凡尔纳先生并没有完全陶醉在对大自然奥秘的探索和人类聪明才智的赞美中。他在小说最后揭开了蒙在貌似渊博的学者尼摩船长脸上的一层神秘面纱，使读者在震惊之余，不得不深思这样一个问题：先进的科学技术和精良的设备若被用来作恶，将会给人类带来多么可怕的后果。

我还喜欢书中的人物，尼摩船长带领众人在海底遇到重重危机时，他总能机智勇敢地克服各种困难。我们要学习尼摩船长的这种精神，当我们遇到困难或问题时，应该想方设法地去解决它。

再读一遍《海底两万里》吧，不仅读其精彩的描写，更要体会那一句句令人深思的话。让我们在惊叹大自然无限魅力的同时，也警醒自己：在大自然所规划的极限处，不管你是谁，也不管你愿不愿意，你都得停下脚步，去遵从大自然的法则。尤其是在科技发展的今天，我们可以挑战人类的极限，却永远不能无视大自然的法则。

《百万英镑》读后感

佳怡

今天，我向大家推荐一本好书，美国作家马克·吐温的《百万英镑》。

还记得小学时，我们学过的课文《金钱的魔力》吗？就是因为这篇文章，引起了我的好奇心，让我走进了《百万英镑》内容生动、引人入胜的故事中。

小说的开头部分，亨利在驾驶小帆船出海时，因走得太远而漂入了大海。后来他被开往伦敦的一艘船救了上来，靠着在船上辛苦工作而勉强维持生计。但到达伦敦后，亨利举目无亲，在用掉他仅剩的一美元后，就陷入了无衣无食、无朋无友的窘境中。一天，亨利饥肠辘辘地走在波特兰广场，一个小孩把咬了一口的梨子扔到泥沟里。当亨利紧紧盯着那个梨子时，“请进来一下”——突如其来的一句话，打破了亨利和梨子之间的魔咒。原来一对富豪兄弟在用一张面值百万英镑现钞打赌，他们想看看这张钞票会给人带来的究竟是无尽的财富，还是仅是一张一文不值的“小纸片”。于是他们将这张钞票交给了亨利，而亨利的命运从此得以改变。

在小说的主体部分，亨利经历了衣、食、住、行的各种主动赊账后，住进了汉诺威广场专供富人住的豪华旅馆，并成为全世界最大都市中的著名人士之一。在参加美国公使举行的宴会上，他认识了美丽可爱的英国姑娘波霞，并与其坠入爱河。在宴会上，二人玩得痛快至极，甚至就连他的美国好友劳埃德讲述他的痛苦经历后，亨利也毫无感觉。回到旅馆，劳埃德在赞美这里舒适而华贵的用品时，他才意识到，他只是一个贫穷而一文不名的人，甚至和那可爱姑娘的爱情也有可能就此破灭。就在读者感慨其毫无希望、命运悲惨时，劳埃德却让亨利起死回生。通过自己百万英镑主人的身份，亨利为劳埃德的矿山做了担保。在卖掉矿山后，亨利和劳埃德各自的账户里进了一百万美元，他们也因此步入了真正的富人之列。

在小说的结尾部分，亨利将那张钞票完好无损地还给了那两位绅士。

读一本好书，就像是与有知识的人在打交道，让我们增长才识；读一本好书，就犹如一场春雨滋润着我们，让我们茁壮成长；读一本好书，就像黑暗中的一盏路灯，照亮着我们前进的方向。

亲爱的同学们，让我们一起走进好书，去遨游浩瀚的知识海洋吧！我的推荐到此结束，谢谢大家！

“飘”意人生

璐瑶

今天我来推荐一部以美国南北战争为背景创作的小说——《飘》。

《飘》讲述的是一个叫斯嘉丽的女孩的故事。美国内战前期，塔拉庄园的小姐斯嘉丽因为心上人艾希礼要娶她的表妹媚兰为妻，冲动之下嫁给了媚兰的哥哥查尔斯。不久，美国内战爆发，艾希礼和查尔斯参加南方军，上了前线，查尔斯不幸去世。成为寡妇的斯嘉丽在机缘巧合下认识了商人瑞德。瑞德开始追求斯嘉丽，但斯嘉丽一心想着艾希礼，拒绝了瑞德。后来，南方军节节退败，人们都纷纷逃离家园。身处亚特兰大的斯嘉丽本想回到塔拉庄园，但因为媚兰临产，只得留下来照顾她。当斯嘉丽历尽艰辛回到塔拉庄园时，却发现家里已被洗劫一空，母亲因病去世，父亲也因遭受打击而精神错乱。战争结束后，斯嘉丽嫁给了瑞德。但因为艾希礼的存在，他们的婚后生活并不如意，加上他们的女儿邦尼坠马而死，绝望的瑞德决定离开。斯嘉丽意识到瑞德对自己的重要性，她决定想办法将瑞德找回来，开始新的生活。

斯嘉丽是一个复杂的人物，她任性、娇纵、固执、自私，骨子里遗传了先辈开拓者的男子气概。她与艾希礼和瑞德的爱情，跌宕起伏，令人唏嘘。但是抛开风花雪月，斯嘉丽的坚韧、执着、对家园的守护之心，在战争的硝烟下逐渐显现。当过去无忧无虑的生活随风逝去的时候，斯嘉丽成为一位勇敢坚强的战士，她驾着马车带着身怀六甲的媚兰，穿越火光和炮弹的轰炸回到塔拉庄园，她决意即使用自己的双手也要重建故土，她直面困境，不屈不挠，浑身上下散发着无法攫取的精神和胆量。战火摧毁了家园，梦境、现实都只剩下恐惧与饥饿，在重建家园时，斯嘉丽发誓要重现昔日辉煌并为此殚精竭虑。斯嘉丽昂首挺胸面对这一切，冷静地对不公的命运说：“Tomorrow is another day.（明天又是新的一天。）”

斯嘉丽的“飘”意人生，具有催人奋进的力量，希望大家能尝试阅读这部交织着绝望与希望的小说。

三、读书方法指导

（一）卡片积累

让学生去资料室、图书馆的时候带上卡片。每当看到稍有价值的资料，随时记下来。

（二）记录法

正所谓“好记性不如烂笔头”。备一个笔记本，把平时在读书、看报、听广播、看电视、看电影以及与人交谈等活动中发现的有用材料，随时记录下来，然后分类整理好。

（三）摘抄法

准备一本“词语摘抄本”，从日常语文学习和课外阅读中，将那些形象具体、鲜明准确的词语分类记在词语摘抄本里。

（四）剪贴法

引导学生把报刊上的文章、材料剪下来，分门别类地贴在剪贴本上，并注明这些文章、材料的作者和出处。

（五）背诵法

大量地阅读与背诵也是一种很好的积累方法。鼓励学生在空闲的时候多读书，好的书籍或文章不仅要品读，更应该背诵下来。

（六）写读书笔记、读后感

写读书笔记，把读书过程中产生的问题和读后感用文字记录下来。

（七）圈点勾勒法

把看到的好词好句圈点勾勒出来，便于下次再看。

（八）图表法

把自己阅读的书籍，用图表列出来，分类整理。

四、好书推荐

教师推荐书目（详见本书附录）。

主题班会15：我们要飞得更高

设计及思考

是单打独斗还是合作双赢，这种思想不仅适用于商场，同样适用于学生的学习。个体的奋斗固然能带来成功的硕果，但是对于十二三岁的少男、少女来说，总是缺少点学习的乐趣，少了点学习的激情，如果能够形成团队，结成学习共同体，在团队中竞争与合作，可以最大限度地激发学生的斗志和不服输的精神，所以希望能够有这样的学习共同体存在。

但是怎样分组是一个难题，要考虑学生的学习基础、性格特点、沟通能力等因素，所以召开本次班会。

适用年级及时间

初一、初二、初三开学初或者考试前期。

内容及过程

一、课堂导入

播放汪峰的歌曲《飞得更高》，引入主题：临近期末，不仅是我要飞得更高，而且需要我们飞得更高。

二、高朋满座，择善而从

小组活动1：小组成员在工作纸上互相写出队友的优点，每位成员至少挖掘一个优点。

展示：整个小组分享互相的评价。

教师点评。

三、高才远识，贵在得法

小组活动2：（场景引入）小组成员代入情节中的角色，结合并发挥组员自身的特长，摆脱困境，设计小组方案。

展示：小组在白纸上写方案；请小组成员上台分享，并说明原因。

教师小结：①发挥每个组员的力量。②成员一起合作才能成功。③减少或消除同学之间因意见不同而产生的负面影响。

学生讨论：什么样的小组合作最有效率？

教师小结：①小组有共同的目标。②小组有默认的原则、基本规则。③小组每个成员都能积极献计献策，配合其他成员完成任务。

四、高瞻远瞩，合力共赢

小组活动3：制订小组期末目标和计划。

教师用PPT展示小组期末评比方案，对小组计划进行指导。

五、课堂小结

教师对本节班会进行小结。

六、课后小组活动拓展

荒岛逃生

一架飞机失事，仅有5名幸存者，他们分别是外科医生、地理老师、举重运动员、人工智能程序员和船只设计师。烈火熊熊燃烧，他们只有12分钟抢救物资，最多只能拿到5样东西，这些东西是：

（1）1只闪光信号灯（内置4个电池）。

（2）1把军刀。

（3）1张该雨林区的飞行地图。

（4）7件大号塑料雨衣。

（5）1个指南针。

（6）1个小型量器箱（内有温度计、气压计、雨量计等）。

（7）1把45口径手枪（内有6发子弹）。

（8）3个降落伞（有红白相间图案）。

（9）1瓶维生素片（100粒装）。

（10）4升饮用水。

（11）化妆镜。

（12）7副太阳眼镜。

（13）2加仑伏特加酒。

（14）5件厚衣服。

（15）1台90%电量的平板电脑。

荒岛四下无人，没有通信信号，荒岛距离大陆可能要10天的航程；他们身上只有5天的粮食补给；荒岛岸边有1条木船，但只能坐3人。

你们会怎么选择物资呢？另外，请设计一个荒岛逃生计划。

要求：①每个组员对应一个角色。②根据角色阐述剧情，诠释一定要贴近组员的特点。③剧情逻辑要合理。

（一）挖掘优点，在线夸人

（1）________________________________

（2）________________________________

（3）________________________________

（4）________________________________

（5）________________________________

（6）________________________________

（二）小组目标及学习计划

姓名	期中					期末				
	语文	数学	英语	物理	总分	语文	数学	英语	物理	总分

（三）实施计划

______

______

______

______

______

主题班会 16：向粗心说“拜拜”

设计及思考

汪中求说：“细节不是‘细枝末节’，而是用心，是一种认真的态度和科学的精神。”我深以为然，最近一次考试后，班级里一位成绩相对优秀的学生放声大哭，因为他粗心大意，这次考试成绩不理想。一道大题，第一步运算就错了，因为小数点点错位置，导致后面所有的步骤都无效。事后哭声震天，可是如果不改掉粗心的毛病，不能做到关注细节，哭又有什么用呢？下一次还不是一样的结果吗？所以最重要的是得让学生明白细节决定成败的道理。

适用年级及时间

初一。

内容及过程

一、导入

（1）根据实际生活中同学因粗心大意造成的搞笑片段，同学自编自演小品《生活中的粗心大意》。

（2）关注细节，根据实际生活，同学自编情景剧。

讨论：小品和情景剧带来什么启示？

二、回忆学习生活中粗心的事

（1）学习中：听课、写作业、做试卷等。

（2）生活中：整理房间、书柜、书籍等。

讨论：粗心造成的后果是什么呢？

三、改变坏习惯

其实，在粗心这个问题上，有这样一个说法，粗心是习惯的养成，那么，怎样才能改变粗心的坏习惯呢？

（1）训练集中注意力。

（2）遇到难题独立思考。

（3）多角度、全方位地考虑问题。

（4）定时完成固定任务。

四、阅读拓展

科马洛夫的临别语

1967 年 8 月 23 日，苏联著名宇航员弗拉迪米·科马洛夫一个人驾驶着“联盟一号”宇宙飞船在返回大气层时，突然发生了恶性事故，减速降落伞无法打开，科马洛夫无论怎么操作也无法减慢飞船的速度。地面指挥中心采取了一切可能的措施帮助排除故障，但都无济于事。请示中央，决定将实况向全国人民公布。电视台的播音员以沉重的语调宣布：“‘联盟一号’飞船由于无法排除故障，不能减速，两小时后将在着陆基地附近坠毁。我们将目睹宇航英雄科马洛夫遇难。”

科马洛夫 12 岁的女儿接过话筒，泣不成声。科马洛夫微笑着说：“女儿，你要坚强，不要哭。”“我不哭，爸爸，你是苏联的英雄，我是你的女儿，我一定会坚强地生活。”刚毅的科马洛夫不禁落泪了，科马洛夫叮嘱女儿说：“学习时，要认真对待每一个小数点。‘联盟一号’今天发生的一切，就是因为地面检查时忽略了一个小数点……要记住这个日子，以后每年的这个日子要到坟前献一朵花，向爸爸汇报学习情况。”

这是一次惊心动魄的告别仪式。科马洛夫永远地走了，他留下了对亲人、对祖国永恒的爱。但更震撼人心的是他对女儿说的那番话。

读完这个故事，你有什么感受呢？

这个故事警示着人们：对待人生不能有丝毫的马虎，否则，即使是一个细节，也会让你付出沉重的甚至是永远无法弥补的代价。所以，我们一定要战胜粗心，向粗心说“拜拜”。

主题班会 17：前行路上，也要学会欣赏风景

设计及思考

每次考试结束后，都是有人欢乐有人愁，考得好的学生自然开心快乐，考得差的学生则会灰心丧气，个别性格极端的学生甚至会一蹶不振，学生情绪波动很大，焦虑情绪滋生、蔓延。这个时候，班主任应该予以关注和重视。

每次考试后，班主任应该及时给学生进行心理疏导，引导他们一方面重视考试，学会分析考试的得失，鼓励学生从考试中总结有用的经验；另一方面学会面对失败，正确看待失败，关键是要从失败中寻找原因。要让学生知道，无论成败，都是前行路上的风景，得学会欣赏。

适用年级及时间

初中阶段各年级（期中考试后）。

内容及过程

PPT 展示：

一个人总是有些拂逆的遭遇才好，不然是会不知不觉地消沉下去的，人只怕自己倒，别人骂不倒。——郭沫若

一、析现状

机遇是心灵的阅兵（节选）

毕淑敏

在各行各业取得成功的人们，在拥有才情之外一定还拥有强大的心灵。成功比试的不仅仅是才能，更重要的是韧性。即使没有公认的成功，也要有品尝幸福的能力，这就更取决于心灵的健全，而不仅仅是才能的显赫了。

才能这个东西，比较有办法弥补。只要不是那些需要才思铺天盖地喷如泉涌的事业，就可以用外力来加以补充。大家都知道“勤能补拙”的原则，都知道“笨鸟先飞”的故事，都记得“磨刀不误砍柴工”的诀窍，都会说“百分之一的才能，百分之九十九的汗水”之类的格言，这些都是补偿之法。

机遇其实是对人的心理素质的一次大阅兵。

你能不能抱定了前进的目标，持之以恒，在看不到希望的时候，不气馁不逃避，依然顽强地努力，乐观地积攒自己的力量和本领？

如果你真的能做到了这些，获得机遇的概率就越来越大了。

听了这个故事，我们一起来分析一下：一次考试结束后，我们应该关注什么？

（1）关注自己的分数、排名。

（2）寻找自己与他人的差距。

（3）发现自己的优缺点。

（4）关注自己的思想情感，控制自己的情绪。

（5）分析自己的知识结构和学习能力。

（6）反思自己的学习方法、答题技巧和方法以及规范程度。

二、重反思

（1）反思学习方法。

（2）反思学习态度。

（3）反思时间利用。

（4）反思学习规划。

三、找方法

不要一味地沉浸在失败的过去，要重视现在，行动在当下。请同学们记住，成绩代表着过去，并不能代表现在和未来，要找到有效的方法。

（1）订正试卷，做成错题集。

（2）制订有针对性的学习计划，按时完成。

（3）确定短期目标、中期目标、长远目标，坚定不移地向着目标前进。

（4）及时与老师沟通，找到问题根源，不在同一个问题上摔倒两次。

（5）下定战胜困难的决心，努力拼搏。

四、定目标

目标决定努力的方向，所以要有一个明确的大方向。

（1）考上理想的高中。

（2）发掘自己的兴趣爱好，并努力培养自己的特长。

（3）锻炼身体，并掌握一种或几种体育技能。

（4）提升自己的沟通技能，培养健康、良好的人际关系。

五、结语

压力即动力，危机即机遇。考试不是目的，而是检验一段时间内学习的过程和成果，无论好坏，都是学习路上的风景。

主题班会18：这些年，我们一起追的星

设计及思考

现代社会是一个开放的社会，资讯发达，消息的来源也是四面八方的。因此，明星光鲜亮丽的一面特别容易吸引青少年，他们会模仿明星的言行、着装等，甚至会疯狂追踪他们的行迹。

但不是所有明星的言行都是正能量的、积极的。而且我们看到的都是这些明星的表面，没有看到他们光鲜背后的辛酸，没有看到他们的努力、拼搏和付出。因此，班主任有责任引导学生怎样追星、追哪些星。

适用年级及时间

初一、初二、初三。

内容及过程

一、引入话题，激发思考

你心中有哪些“星”？作家、科学明星、影视明星、体育明星、医生、老

师、同学等。下面给你们讲一讲苏炳添的经历。

这个世界有太多人都是在无人问津中默默努力着。对于中国男子短跑来说，直接登上世界的舞台并不如想象的那般容易，苏炳添就是这默默努力中的一员。

2012 年，土耳其世界室内田径锦标赛中，他以 6 秒 74 的成绩结束了自己的第一次室内世锦赛之旅。冯树勇说“这绝对是中国男子短跑的历史性时刻”。

2014 年，他以千分之三秒之差输给了卡塔尔的奥古诺德。

2015 年，他百米跑出了 9 秒 99 的成绩，成为“亚洲第一飞人”。

2016 年，美国波特兰世界室内田径锦标赛男子 60 米决赛中，他以 6 秒 54 第五名的成绩结束了自己的第三次室内世锦赛之旅。

2018 年，英国伯明翰世界室内田径锦标赛男子 60 米决赛中，他以 6 秒 42 打破亚洲纪录的成绩摘得银牌。

2018 年，他 29 岁了。

2021 年 8 月 1 日，32 岁的苏炳添在东京奥运会男子百米半决赛的现场，跑出了 9 秒 83 小组第一的成绩。

坚持是他创造奇迹的基础，不懈的努力是他不断创造奇迹的保障。

听了这个故事后，你有什么想说的话吗？

二、加深了解，走进“星”魂

你了解你喜欢的明星吗？你知道他有哪些经历吗？

中国首位诺贝尔医学奖获得者、药学家屠呦呦

屠呦呦，1930 年 12 月 30 日生于浙江宁波，博士生导师，药学家，诺贝尔医学奖获得者，共和国勋章获得者。现为中国中医科学院的首席科学家、终身研究员兼首席研究员，青蒿素研究开发中心主任。

2015 年 10 月她获得诺贝尔生理学或医学奖，理由是她发现了青蒿素，这种药品可以有效降低疟疾患者的死亡率。她成为首获科学类诺贝尔奖的中国人。

学生感悟：她是科学的巨人，是我国首位诺贝尔医学奖获得者。真的非常骄傲，她是我的偶像，成为我追求的目标。

票房奇迹吴京

吴京，1989 年进入北京市武术队，1994 年获得全国武术比赛精英赛枪术、对练冠军。1995 年出演个人首部电影《功夫小子闯情关》，从而进入演艺圈。1998 年因在古装剧《太极宗师》中饰演杨昱乾一角而被观众熟知。1999 年主演

武侠剧《小李飞刀》。2005 年参演动作片《杀破狼》并首次尝试反派角色。2007 年凭借动作警匪片《男儿本色》获得第 44 届金马奖最佳男配角提名。2008 年开始转型担任导演，并于同年执导处女作《狼牙》。2012 年在军旅剧《我是特种兵之利刃出鞘》中首度饰演军人。2015 年主演犯罪悬疑片《杀破狼 2》；同年，自编自导自演军事战争片《战狼》，并凭借该片获得第 33 届大众电影百花奖最佳导演奖提名、第 22 届北京大学生电影节最佳处女作奖、第 20 届华鼎奖最佳新锐导演奖。2017 年自导自演动作片《战狼 2》，该片创下国产电影历史最高票房纪录及全球单一市场单片最高票房纪录，而其个人则凭借该片先后获得第 34 届大众电影百花奖最佳男主角奖、第 17 届中国电影华表奖优秀男演员奖。2019 年，担任科幻电影《流浪地球》的出品人，并特别出演“刘培强”一角。

吴京创造了中国电影票房的奇迹。

学生感悟：我喜欢吴京，喜欢他快意恩仇、肆意潇洒，更喜欢他在逆境中不断崛起、不断奋进的毅力，我想让自己的人生有所不同，我想像他那样生活。

三、话外感悟，共同思考

偷拿父母血汗钱 40 多万（节选）

袁文幻

16 岁少年超超在“熊猫直播”网站一下子就掷出了约 1.7 万元。这笔现金，从他母亲的银行账户里，通过支付工具支付给网络直播。

现实中，他是江苏省徐州市一名高中二年级学生。但在某直播间里，他是仅次于主播的大人物。作为主播授权的“房管”——直播间管理员，他拥有禁止其他网友发言的权力。

直播世界里，升级唯一的途径是打赏。玩家通常将这一过程称为“渡劫”。直到 2017 年 9 月 22 日，母亲张美发现他已从自己的银行卡上偷偷划走了 40 多万元。

教师点评：我想说的是，追星也好，打赏也罢，究其原因是我们喜欢，所以才去做这件事，喜欢谁本来没有错，想做什么也是自己的事。但是如果所做事情超出了自己的能力范围，甚至危害亲人，那就不仅仅是自己的问题了。所以，无论做什么，量力而行、力所能及就可以了。

四、聆听智者名言

（1）我崇拜勇气、坚忍和信心，因为它们一直助我应付我在尘世生活中所遇到的困境。——但丁

（2）我从小就非常迷恋、崇拜讲故事的人，在寒冬腊月的集市上、农户的

牛棚马棚里，听说书人讲述古今中外故事，回到家就给父母兄弟讲述。——莫言

(3) 人生最大的敌人是自己。此话最为重要。或过高地评价自己，由此而自大；或过分地崇拜他人，由此而自卑。一旦战胜自己，也就在思想上有了一个飞跃，人生会打开新的一页。——佚名

主题班会19：让躁动的心灵安静下来

设计及思考

时光飞逝，假期已悄然离去，学生又回到了熟悉的校园，开始了新的学习。但是开学后，学生的学习效率大不如前。开学一周后，每次巡堂，都发现有学生走神、打瞌睡、精力不集中等，而且很多学生早上起不来，晚上不愿意睡，学习效率低，这就是“假期综合征”。因此每次假期结束前，都要提前引导学生调整好心态，调整好生活节奏，让学生尽快适应即将到来的学习生活。

适用年级及时间

初中阶段各年级（下学期第一周）。

内容及过程

一、自省叩问

班主任问：已经开学一周，你的心安静下来了吗？你准备好开始你的新学期之旅了吗？你有认认真真思考过这个学期的学习和生活吗？

二、寒假哈哈镜

（一）寒假生活调查

学习型：认真复习，拓展阅读。(17人)

旅游型：拓宽视野，增长见闻。(12人)

玩乐型：上网、打游戏。(18人)

运动型：坚持运动。(3人)

（二）寒假生活展

(1) 学习方面，完成了老师布置的作业，还阅读了《平凡的世界》《巴黎圣

母院》。

（2）娱乐方面，外出旅游，和家人一起登山，和朋友一起唱歌。

（3）春节前，参加了学校的义工活动，对街道进行“美容”；给福利院的孩子带了礼物；和父母一起购买了春节物品，并且在春节期间走亲访友。

（三）寒假反思

学生分享寒假生活并反思。

（四）寒假回来话寒假

寒假里最大的感受是什么？最大的收获是什么？最大的遗憾是什么？

三、本学期个人及班级目标

个人目标：

读一本好书；做一次义工；每天锻炼 1 小时；发掘一个特长，并坚持下去；给父母做 2 次晚餐；每周给家里老人打一次电话；帮助我能帮助的人；为班级荣誉而努力；95% 以上的作业达到优秀；课堂上认真听课，积极思考。

班级目标：

月月荣获“文明班”称号；班级各科成绩均有进步；班级有 10 人进入年级前 50 名；各项活动班级全员参与，并取得年级前三名的成绩；建立学习和生活共同体，构建“和谐号”班级。

四、教师支招应对综合征

（1）保证睡眠：保证每天睡眠 8 小时，按时睡觉，按时起床。

（2）运动：每天运动 1 小时，运动可以调整身心状态，尽快恢复正常的身体状况。

（3）趁着刚开学还没那么繁忙的时候，尽情地去阅读吧！

（4）请你给自己制订一份学习、生活、运动计划，做一个有计划的人。

（5）请你选定一个同学作为自己的目标。

五、聆听智者名言

（1）一个人如果不到最高峰，他就没有片刻的安宁，他也就不会感到生命的恬静和光荣。——萧伯纳

（2）古之立大事者，不惟有超世之才，亦必有坚忍不拔之志。——苏轼

（3）人，只要有一种信念，有所追求，什么艰苦都能忍受，什么环境也都能适应。——丁玲

主题班会 20：青春飞扬，赢在初三

设计及思考

初三来了，学生带着忐忑、紧张、压力走进了初三，那么初三到底是什么样的？初三，应该怎样做呢？应该给自己定什么样的目标呢？面对一系列问题，班主任应该告诉学生真实的初三是什么样子的。

面对初三，你需要做好这样的准备：

心态与行动：吃苦勤奋，忙而有序。

理想与精神：树立目标，持之以恒。

人际关系与奋斗目标：携手共进，实现梦想。

我们必须告诉学生：初三是展示自我的一次机会，而不是人生的折磨。所有打不倒你的，都将使你更强大。当你觉得为时已晚的时候恰恰是最合适的时候。你走的每一步，都藏着未来的影子。

适用年级及时间

初三年级开学初期。

内容及过程

一、故事导入，激情励志

2019 年国家地理旅行者摄影大赛中，中国 90 后摄影师储卫民一举拿下城市组的一等奖，获得全球总冠军。从软件工程师转型到全职摄影只有 3 年的他，是如何斩获此殊荣的呢？

储卫民原本是一名软件工程师，热爱摄影的他，最初一边从事软件工程工作，一边从事户外摄影。工作之余，他努力钻研摄影技术，大量拍片出片。

搞户外摄影的人，要忍受孤独，更要与危险为伴。每次外出拍摄时，都要带着一个大号登山包，装上 20 公斤左右的摄影设备和随身物品。如果徒步野营，行李中还会装上炉具、锅、睡袋及有防风防雨功能的衣物等。当然在一次次外出拍摄的过程中，他也遇到了一次次的危险，好在每次都化险为夷了。渐渐地，他的作品开始受到圈内人士的关注。

2019 年 3 月，在格陵兰一个叫乌佩纳维克的小镇。储卫民冒着 -20℃ 的低温，守着相机蹲了一个多小时，最终抓拍到满意的一瞬间。他给这张照片取名为《格陵兰的冬天》。照片中呈现的是冰天雪地中的路灯下，一家三口手拉手向前走的场景。从照片中能感受到乌佩纳维克的严寒，又能让人感觉到那一家三口的温馨。

储卫民凭借《格陵兰的冬天》拿下国家地理旅行者摄影大赛的总冠军。为获得这张照片，储卫民准备了 3 年之久。“但问耕耘，莫问收获。人生路上，没有一种成功不是有备而来。”

[节选自江东旭《没有一种成功不是有备而来》（有改动）]

二、初三的温馨提示

初三是搏击风浪的船，昂扬而潇洒，升到初三的我们，应努力学习，扬帆起航；放飞自己的青春，用勤劳的汗水去铺就未来的成功之路。

初三，需要辛勤付出，但我相信天道酬勤，所以我们要有坚定的信念，永不言弃；这是初三学子无所畏惧的精神。

初三，要有百折不挠的毅力，你会遇到很多困难，有很大压力，甚至打击，但是你要用百折不挠的毅力去战胜一切难题。

初三，在紧张的学习之余，还要注意积累，分类整理学过的知识，拓宽自己的视野，更要积累自己的错题集。

初三，要学会调整自己的心态，考得好自然喜气洋洋，但是如果成绩被你后面的同学超越了，这个时候，你或许伤悲，或许难过。请你记住：逐鹿中原，不到最后一次考试，不能决定谁是霸主。

初三，是艰苦的，是充满竞争的，但是也要懂得你周围的同学是你的伙伴，是你宝贵的财富。

初三，要感恩那些在背后默默关爱你的父母和老师，每天要记得和他们打声招呼。

初三，要制订一个切实可行的计划，做一个行之有法、言之有据的人。

初三，要成为时间的主人、掌控时间的高手，更要成为效率的代言人。

初三，最重要的是，一定要保重你的身体，身体健康是第一位的。

三、青春的宣言，赢在初三（学生演讲）

走进初三

智豪

转眼间，我就站在了初三的大门前。

三年来，我经常站在窗前思考一个问题：学习的意义到底在哪里？但我得不到答案，于是就像漂泊在宇宙中的细沙，不知归处，也不寻归处。我时常站在早晨7点的窗台边，看着斑驳的树影被风拖曳，站在傍晚7点的窗台边，听着行车的倾诉被夜色包装，并以此为乐。

我渐渐地发现，我对人生的迷茫，并不只是存在于一时，也不能让它存在于一世。我再次走到阳台，细细端详那株父亲倾注心血养的花。突然，我发现塞在土壤里的纸条，我抽出来，上面写着一行字：外出，照顾好。

父亲在电话中一字一句交代了养花细节：浇水时间，天气不同时的排放位置，对土壤的翻动等其他一些细小烦琐之事，我都牢记在心。天晴时，让它晒晒太阳；天阴时，把它放在阳台里躲躲雨。一天两浇，翻泥除虫，我一一不敢马虎。半个多月后，这株花被我养得白白胖胖的，比之前鲜活了不少，我对着这株宝贝痴痴地傻笑起来，将它当作我求学路上的伴侣。

与此同时，一个思想通过花草植入我的脑里，扎根发芽。我也明白了父亲的真正用意。在900多个日子里，从寒霜到炎热，从绝望到觉悟，我就像一把剑，经历了铸造，方才削铁如泥。

自此，每当我站在窗台前，我所望着的，所想着的，不会再是毫无意义的颓废，而是这半个多月来我得到的训练。那些坚持的日子，烙印在我心中，驱散了交织在脑海里的困惑，使我跨越了人生路上第一个瓶颈期，这是我一直引以为傲的。

成大事者，不问情由，应以挫当马，驰骋边漠。

初三，我在努力奋斗着

嘉颖

命运曾少给你的，总有一天，你会通过努力得到。

——题记

日出日落，花开花谢。搭载着岁月，穿过了天真烂漫的年代，转眼间，我已经从一个哇哇哭的婴儿成长为初三学生，大步地踏进了令人期待的初三生活。

在这个一尘不染、纯白色的年代里，我心中曾有一些激动和感慨，也憧憬过自己的人生和美好的未来。人生的岁月如一串珍珠，而青春时光则是其中最璀璨的一颗。我一定会在初三的怀抱里扬帆远航，把这当作人生奋斗的起点。

我曾听过这样的对话：“你为什么要那么努力？”“因为想去的地方很远，想要的东西很贵，父亲的白发，周围人的嘲笑，以及天生傲骨。”是啊，在生命的长河中，有太多的坎坷了，我们努力奋斗着，即使付出没有回报，但经过努力奋斗的我们是快乐的，只要我们奋斗了，那么我们的初三便是完美的。

我希望有一天，我们会在自己所向往的年纪，成为自己想要成为的人。立于高高山顶，笑看似水流年。到那时，即使过了很多年，经历了很多事，但每当回想起这段披荆斩棘的青春，你一定会不自觉地微微扬起嘴角，你也一定会感谢那时努力奋斗的自己，成就了如今的辉煌。

初三是一座高山，有人望而却步，有人苦于劳累，半途而废，真正坚持下来的人少之又少，成功登顶的人，当他们站在山顶，望着山顶的美景，才会明白，只有山顶的日光才是最美的，而那些半途而废的人，恐怕难以领略这山顶的美景。或许，他们依旧站在山脚下，望着山顶烟雾弥漫，着急地跺脚徘徊。

奋斗的初三是一首精彩激昂的乐曲，奋斗的初三是一幅亲手作出的水墨画，奋斗的初三是一局象棋，只有不断思考与探索，才会赢得胜利，只有努力并奋斗过，在这美好的人生年华，我的初三才会在人生的长河中激出精彩的水花。

只有永不遏制的奋斗，才能让初三绽放出激荡的火花。心中有梦，未来可期，所以披星戴月，风雨兼程！致敬，我们应该奋斗的初三。

四、初三宣言：我们一起走

忍　耐

泰戈尔

如果你不说话，
我将用你的沉默填满心房，并忍受它。
我将静静地等候，
像黑夜中彻夜不眠的星星，
忍耐地低首。
黎明一定会到来，
黑暗终将逝去，
你的声音将注入金泉，
划破天空。
那时你的语言，
将在我的每一个鸟巢中生翼发声，
你悦耳的曲子，
将怒放在我的丛林繁花中。

五、结语

奋斗的青春才是最美丽的青春，所以请趁青春去拼搏、去追逐、去遇见最好的自己。

第二编

班级精细化管理与班级主题文化建设

初中班级精细化管理和主题文化建设探索与实践

班级是学生学习的主阵地，班级管理是这个主阵地最重要的板块。班级管理得当，班级就会秩序井然，促进学生的学习进步，有利于学生发展。通过班级文化建设，陶冶学生情操，使学生养成良好的审美情趣，并潜移默化地影响学生。希望通过这种德育管理模式，减轻班主任的负担，培养学生自我管理能力，并让家长参与到班级管理中来，形成教育合力。

精细化管理是一种理念、一种文化。它源于发达国家的企业管理理念，精细化管理就是落实管理责任，将管理责任具体化、明确化。班级精细化管理就是把班级中的事务具体分配到每个学生身上，实现学生相互管理和自我管理、班主任协助管理的模式。

班级主题文化主要是指在班级中确定一个主题后，围绕这个主题开展的文化建设，在进行班级主题文化建设的过程中，学生起主体作用，班主任起主导作用。具体包含班级的环境文化（教室内外的布置）、精神文化（班名、班徽、班训、班歌、班级口号、班主任寄语）、活动文化（学校、班主任、学生、家长、社会组织的活动）、制度文化（精细化管理中的班级公约、班级分工、班级评分、班级奖励、班级活动、班级资源）。

一、精细化管理和主题文化建设的目标

（1）通过对班级进行精细化管理和主题文化建设，实现学生自我管理。

（2）通过对班级进行精细化管理和主题文化建设，促进班级管理和班级环境向民主、美化的方向发展。

（3）通过对班级进行精细化管理和主题文化建设，总结班级精细化管理和主题文化建设的规律与策略。

二、精细化管理和主题文化建设的实施过程

（一）班级精细化管理实施过程

首先制定精细化管理的六项内容，分别为班级公约、班级评分、班级分工、班级奖励、班级活动和班级资源。

班级公约，就是班级师生共同达成协议，并一起制定，这样学生才能信服，才会用心去执行。同时公约不是一成不变的，它是随着时间变化而不断更新的，

学生是不断变化的，所以公约也要不断更新。有了公约，接下来就要有相应的评分。评分是对学生日常行为的一种评价方式，可以对学生日常行为进行管理。评分内容中明确规定了学生哪些行为可以获得加分，哪些行为必须减分，同时规定不同的行为所获得的加分和减分是不同的，那些平时比较容易做到或者比较容易犯错的行为，就加分少一点或者扣分少一点。相对地，如果较难完成，就加分多一点，性质比较恶劣的行为就要扣更多的分数。在评分内容中，设置的加分项一定是多于减分项的，而且学生减分之后可以通过帮助同学、老师或做好事，把失去的分数再加回来，这样可以充分调动学生的积极性，不至于把学生分数扣到很低的程度，从而使学生失去了信心。评分内容中的各个加分项、减分项，一定是师生共同商量的结果，不能老师一言堂，集体制定制度之后，必须按规矩办事。当然在这个过程中，我们也需要照顾一些有特殊情况的学生，如果学生确实是能力达不到某种程度，我们会相对降低一些标准，但不能形成文字，避免伤害学生的自尊心。

班级有很多工作，那么到底谁来负责呢？需根据本班的情况，学生的特长、能力，把班级的工作分成若干部分，然后让学生自己选择，这样可以充分调动学生参与班级管理的积极性。一般班级可以有常务班长 1 人、值日班长 5 人、学习委员 1 人、劳动委员 2 人、宣传组成员（宣传委员由成员选举产生）8 ~ 10 人、体育委员 2 人、生活委员 1 人、语文课代表 2 ~ 4 人、数学课代表 2 人、英语课代表 2 人、物理课代表 2 人、地理课代表 1 人、历史课代表 1 人、生物课代表 1 人、政治课代表 1 人、电脑课代表 1 人、作业布置员 1 人、组长（收作业）6 人、平台管理员 1 人、考勤记录员 1 人、关灯关风扇员 1 人、空调管理员 1 人、班级纪检员 2 人、采购员 1 人、会计 1 人、课间保洁督促员 1 人、教室值日生 40 人。如果再具体一点，我们也会明确规定值日生具体哪些人一组，甚至可以规定哪个人负责哪个项目，这可以让小组长自行掌握，同时明确哪个同学搬运早餐。有了这些分工后，学生就各司其职、各尽其责，学生管理班级的模式就初步形成了。

学生明确了自己的职责后，接下来我们要考虑的就是怎样调动和保持学生的积极性。需要特别说明的是，每周一班主任会赠送每位学生 100 分，周五总结完毕后清零，下周一再重新开始。每周能够保持在 100 分及以上分数的同学，老师都会通报家长进行表扬。具体的奖励形式有物质奖励、精神奖励和活动奖励。所谓物质奖励，就是根据学生的喜好，给学生买点奖品，当然我们也可以请家长协助购买奖品。（请家长帮助购买奖品最好给出资金额度，避免出现奖品价值差距过大，达不到奖励目的的情况。）精神奖励，笔者采取以下方式进行：

根据学生每周的得分情况，每周评出“最佳小组”“进步小组”“每周之星”“进步之星”“每月之星”“学期之星”“三好学生”。

具体评选的方法为：每周评选出平均分最高的三个小组，获得“最佳小组”；每周得分进步三名以上的小组，获得“进步小组”；学生根据班级公约，先自评，然后由小组长汇报评定分数，班级得分最高的十五名同学获得“每周之星”；每周得分在小组中进步三名以上的同学，获得“进步之星”；“每月之星”由当月得到最多的“每周之星”自动生成，每月评出五名；一个学期以来得分最高的十名同学将评为“学期之星”，由学校授予“三好学生”奖状。这种奖励方式既奖励优秀个人，也兼顾相对薄弱的同学；既要求学生小组合作，又鼓励个性发展。

活动奖励主要是针对现在学校里学生自己活动时间少的特点精心策划的。现在的孩子物质丰富，精神鼓励也听得多、见得多了，唯独和小伙伴一起玩的时间少了。所以，能够和小伙伴一起玩耍就成为最好的奖励，对于学生来说这个奖励则是最高奖励了。

活动奖励的形式可以是多种多样的，包括学生自由活动、读书分享会、体育活动、美食分享会、探索活动、节日活动、生日会、根据班级文化开展的各种活动等。

活动注意事项：在进行活动时要注意安全问题，涉及室外活动时，安全教育是必不可少的，在室内活动时注重活动的趣味性和益智性。

此外，班级精细化管理一定要安排好学生的班级活动和班级资源。班级活动内容可以和学生一起设计，体现学生的主体地位，发挥学生的团队精神，开展适合学生身心发展和本班班级文化的活动。例如，“墨荷飘香班”进行以“莲”为主题的班级文化建设，围绕这个主题开展了一系列“莲花杯”活动，如“莲花杯”我与莲花的缘分、“莲花杯”教室环境美化、“莲花杯”习惯大比拼、“莲花杯”走进“莲”古诗等。我们配合学校开展了运动会、元旦联欢会、插花会等活动，同时还开展了班级常规活动每月一次的“生日会”。

而在这些活动的开展过程中，我们充分利用了班级的各种资源：学生资源、家长资源、科任老师资源、社区资源、网络资源。例如，班级管理可以借助学生、科任老师的资源进行。学生资源包括学生干部资源和普通学生资源，学生干部可以协助老师完成班级管理，可以组织完成班级活动，带动形成良好的班级风气。像生日会，就是由班级干部组织策划完成的活动，运动会、元旦联欢会也是由班级干部组织、策划和组织训练的。普通学生资源，一方面可以形成自我管理和班级自主管理，另一方面可以监督学生干部更好地完成自己的工作。普通学生还有监督班级干部的权利，因为班级的一切评选活动是由全班同学投票选举产生的，只有那些真正为班级着想、服务的学生才能被选出来。所以班级干部只有真正为同学服务了，才会得到大家的认同。科任老师资源，我们一方面利用老师的专业进行培优补差，提高班级的学习成绩；另一方面我们发挥科任老师的特长，把班级中的学困生分给科任老师，每位老师带几个人，班级的管理难度就大大降低了。当然，科任老师也可以组织班级活动，例如，历史老师抓住节日的契机，在班级组织传统节日大食会，让学生做美食、品美食，通过这种形式，加深学生对历史文化的了解，进而使学生对历史这门学科更有兴趣。这样不仅帮助了班主任，更重要的是学生更喜欢科任老师了，学习兴趣也大大提高了，形成良好学风。

家长资源是我们提得比较多的，因为现在很多学生问题绝不仅仅是学生的问题，一定是和家长息息相关的，所以，一般我们都会重视这部分资源的利用。例如，我们组建家委会，由家委会策划完成班级的很多工作；我们组织开展活动时，邀请家长参与；班级管理中，同样可以请家长帮忙；学生的思想工作也可以请家长来做，邀请家长走进课堂，让家长发挥自己的特长，给学生讲解一些课本之外的知识。这样既加强了家校合作，也让家长体会到老师的艰辛，从而能理解老师。但家长资源的利用必须要尊重家长本身的意愿和特长，切忌强人所难，给家长带来困扰，从而抗拒和学校合作。

（二）班级主题文化建设实施过程

第一，确定主题文化体系。

课题组以“美”为核心，造就美的习惯、美的德行、美的进取拼搏精神。班级主题文化建设分三个阶段进行，每个阶段侧重点不同，但都注重培养学生的心灵美。

初一重点是：美在心，丽在习（春华主题，初一为起始年级，重习惯养成）。

初二重点是：美在心，丽在行（夏耘主题，初二为过渡年级，重品行德行）。

初三重点是：美在心，丽在搏（秋实主题，初三为毕业年级，重拼搏感恩）。

初中毕业：美在心，丽在忆（冬藏主题，毕业纪念册/光盘，校友联系等）。

第二，打造班级的环境文化。

环境文化主要体现在教室布置上，教室环境布置主要包括十二个地方：走廊、外墙、门口、门、窗（帘）、内墙、四个角、三栏一报、课桌、地板、讲台、黑板。

第三，打造班级的精神文化。

班级文化中的精神文化主要体现在班名、班徽、班级目标、班级口号、班主任寄语、班集体照片和班歌中。这些内容必须紧紧围绕主题来设计，所以班级文化中主题的确定是非常重要的，一般可以通过班名来体现。确立了班级文化的主题和班名后，开始设计班徽、班训、班歌、口号、目标、班主任寄语。这些内容可以发挥班里每位同学的想象，让学生自己设计，通过画、剪等方式确定，甚至可以借用家长的智慧，让家长帮助完成。当然像班徽这样的图片，最初学生也可以从网上下载，但是要符合自己的班级主题文化，重新赋予班徽新的寓意。班训是全班共同遵守的基本行为准则与道德规范，也要和班级文化主题结合，同时在字数选择上最好能够对称，形成视觉美感。班歌可以根据学生自己喜欢的曲子进行改编并围绕主题写词，或者全班一起写词谱曲，也可以直接找与主题有关、有文化内涵的歌曲。班级口号可采用鼓励作用的简短句子。班级目标是班集体形成的条件和前进的动力，在班集体的建设过程中起着导向、推动、激励的作用。班主任寄语则表达了班主任的美好愿望。

第四，打造班级的活动文化。

“游戏是儿童的天性。”所以班级活动的开展对班级文化建设非常重要。为了和班级主题相呼应，达到班级文化建设的目的，部分活动要围绕主题开展。

班级活动可以分为常规活动和特色活动。常规活动有教师节献礼、生日会、军训、运动会、元旦联欢会、六一退队仪式等。特色活动针对班级的主题开展，这些活动可以由老师制定，也可以由学生自行制定，甚至可以由家长制定。制定好活动后，学生、家长、老师可以一起参与具体活动的过程，老师不必全程参与。

第五，打造班级的制度文化。

在一个班集体中，制定学生必须遵守的规章制度，长期坚持下来就形成了班级制度文化。

（1）班级公约（班规）：由学生讨论制定，这样学生就会认同，会认真执行。在制定的过程中，学生会有摩擦、有妥协、有沟通、有交流，但是最终制定出大家都认同的公约，充分体现了学生的参与美和合作美，实现了学生的主体地位。

（2）班级分工（班干部、劳动）：班级的各项事务由学生自己管理，通过承包制明确责任，做到人人有事做、事事有人做。

（3）班级评分（加分、减分）：任何一种活动的开展都离不开评比，那么如何评分就是至关重要的事情，所以在制定评分内容的过程中，既要表扬又要批评，让学生明确哪些事情是正确的，哪些事情是不可以做的，加分时既要考虑学困生，又要照顾到资优生。

（4）班级奖励：奖励永远是调动人积极性的最佳手段，在设置奖励内容的时候，要充分考虑学生的特点。

（5）班级活动（常规活动、特色活动）：班级活动可以结合学校安排和班级主题文化进行，一般学校的活动可以当作常规活动，根据本班主题文化而开展的活动可以看作特色文化活动，但是不管哪种活动，都要以学生安全为前提。

（6）班级资源：现代教育离不开学校、家长、社会、网络，如何有效利用这些资源，使之成为班级文化的一部分，对笔者而言是一项挑战。

家长在班级主题文化建设中的作用不可估量，引导得好，会事半功倍；引导得不好，会大大减弱班级的管理能力，所以家长资源的利用非常重要，可以根据家长的意愿和特长安排其参与合适的班级管理和班级活动。社会和网络似乎是不可控的一部分，但是我们也要学会利用，让学生进入社区体验生活，感悟生活。充分利用网络资源，取其精华，去其糟粕。

三、班级精细化管理和主题文化建设的成果

（一）实效性成果

通过对班级进行精细化管理和主题文化建设，班级的班风、学风发生了变化，班级凝聚力和学生的集体荣誉感大大增强，学生自主参与班级管理的意识与团结协作的意识明显提高，自我约束和自我管理的能力得到提高，班级精神风貌有了明显的改善，学生学习成绩也有所提高。

学生发生了很大的变化，在实施精细化管理的过程中，每个学生都要完成自己的工作，对自己负责，同时普通同学要监督班级干部的工作，班级干部要完成自己的工作。这样不知不觉中，学生的责任感加强了，自我控制力提高了，同时也学会了和小组同学之间的合作与竞争，学会关心照顾同学，并且知道体谅老师和家长了。

对于老师来说，同样有了收获，科任老师收获了学生的爱，加强了学生对学科知识的自主学习，学校的管理流畅了，学困生减少了；班主任的收获是最大的，因为学生学会了自我管理，科任老师参与了管理，学校领导协助了管理，家长明白了班级的管理，这样班主任的工作变轻松了，心情美丽了。

对于学生家长来说，在参与班级精细化管理和主题文化建设的过程中，不仅加强了和学校的联系，也大大改善了和孩子之间的关系，减少了一些不必要的家庭矛盾。

通过开展班级主题文化建设，环境文化让教室变得更美了，教室地面、桌面、黑板干干净净，座椅摆放得整整齐齐，通过对教室各个角落的美化，让教室变得生动、立体起来，学生愿意在教室里面停留，更愿意发自内心地爱护班级；精神文化让班级变得有文化，学生通过课堂学习、课后查找资料等形式，形成了浓厚的学习氛围，面对自己不懂不会的知识，愿意去主动寻找答案，开阔了视野；活动文化让学生加强了彼此之间的交流、合作，能力得到了锻炼，既学会了竞争又学会了合作；制度文化让管理变得优化了，有了大家都会遵守的制度，有了大家都知道的合作方式，渐渐地就形成了一种文化，学生就会各司其职、各尽其责，这样大大减轻了班主任的压力，使班主任繁重的工作得到缓解。同时班级的班风和学风也得到了最大限度的提高。

（二）经验性成果

通过进行班级精细化管理和主题文化建设，总结出影响班级精细化管理和主题文化建设的因素，得到班级精细化管理和主题文化建设的规律。

1. 总结影响班级精细化管理和主题文化建设的因素

（1）学校因素。

学校认同这种管理模式，并且能够指导不同年级的班主任进行班级精细化管理和主题文化建设，学校组织班主任学习班级精细化管理和主题文化建设管理的模式，培训班主任进行班级精细化管理和主题文化建设的方法与过程，为其提供政策和物质上的支持。学校统一班级精细化管理和主题文化建设的要求，从学校层面制定要求、实施过程及要达到的目标。班主任制定班级精细化管理和主题文化建设的要求、过程和目标。

（2）班主任因素。

班主任要勇于接受新的管理模式，要有工作热情。班主任认同这种管理模式，并且同意践行这种管理方式是非常重要的。班主任要善于利用学生资源，善于与学生合作。进行班级精细化管理和主题文化建设时，必须要班主任和学生共同制定政策和进行实践。班级公约，班级分工，班级评分，班级奖励，班级活动，班级资源，班级的环境文化、精神文化和活动文化主题需要师生共同决定。班主任要有一定的组织引导能力，要有足够的领导力。在开始进行班级精细化管理和主题文化建设时，班主任要耐心组织，及时引导学生，确保学生能够快速形成自我管理能力。不能急功近利，要求这种管理模式立竿见影，否则就给予否定。班主任要有一定的感染力，在进行精细化管理和主题文化建设的过程中，要调动班级学生、科任老师、学校领导和家长积极参与。班主任的感染力越强，参与的人越多，管理效果越好。

（3）学生因素。

学生要有正常的智商和基本的动手能力。班级精细化管理和主题文化建设，归根到底是要学生参与，所以对班级的大部分学生是有要求的，而且学生接受能力越强，自身能力越强，这种管理模式就越有效。学生要有一定的集体荣誉感、合作能力。班级精细化管理和主题文化建设，一般通过学生小组合作共同完成，所以集体荣誉感强、合作能力好的小组成效明显，反之，效果不大。组织能力强、管理能力好、特长生多的班级进行精细化管理和主题文化建设，效果更好。班级精细化管理是要实现“人人有事做，事事有人做”的管理模式，所以这就需要学生的全方位参与，班级里优秀的学生多，那么管理的效果会更明显。班级主题文化建设，从确定班名、班徽、班歌到环境文化、精神文化、活动文化的建设，都需要学生参与。

（4）家长因素。

家长大力支持学生的班级工作。学生管理班级、参与班级活动，要花大量的时间，家长的支持力度是非常重要的。班级有很多活动的开展需要家长配合，如果家长能够积极参与班级活动，则班级精细化管理和主题文化建设的效果会有很大提升。家长的素质也影响班级管理的效果。家长素质高、参与度高，则班级的精细化管理和主题文化建设会更有成效。

2．概括班级精细化管理和主题文化建设的规律

学校大力支持班级精细化管理和主题文化建设，能高屋建瓴引导班主任在不同学段的班级进行班级精细化管理和主题文化建设。班主任有热情、有能力、有创新精神；学生有能力、有集体荣誉感、有合作与竞争态度；同时家长大力支持学校工作，愿意参与班级管理和班级活动，愿意为学生活动提供物力、财力和人力支持。

3．研究班级精细化管理和主题文化建设的相关策略

（1）学校策略。

学校制定自上而下的精细化管理制度、管理模式、管理方法，确定学校文化主题。学校制定培训班主任制度，对班主任的工作进行指导，并协助班主任确定班级精细化管理模式和文化主题。学校制定政策，对班主任的班级精细化管理和主题文化建设进行检验，经验丰富的班主任指导经验欠缺的班主任，奖励积极主动、有创新精神的班主任及其所带的班级。

（2）教师策略。

班主任了解学生，根据学生的特点，指导学生选择自己的工作。班主任首先要培养班级中能力较强的那部分学生，指导这部分学生管理其他学生并自我管理，通过这部分学生的带动，实现全班学生的自我管理。班主任关注全班学生，培养学生的荣誉感，团结、合作的精神，调动全体学生参与班级管理。班主任要不断学习，提升自身的指导能力。

（3）学生策略。

学生要有一定的责任心，关心爱护班集体，有较强的集体荣誉感。学生要有较强的参与意识，乐于参与班级管理，有主人翁意识。学生要有创新意识，能够管理自己的班级，打造自己班级的主题文化，或者有较强的领悟能力，在老师的指导下完成班级管理和文化建设。

（4）家长策略。

家长真正关心孩子的成长，愿意参与孩子的成长，才能愿意参与到孩子的班级活动中来。家长愿意配合学校工作，有时间、有能力完成老师交代的任务。

四、班级精细化管理和主题文化建设的感悟与反思

在班级实施精细化管理后，笔者慢慢觉得这种管理模式省时省力，管理效果也好，学生的自觉性大大提高了，荣誉感也增强了。在随后的班级主题文化建设过程中，我发现学生都非常积极地参与，家长和科任老师也都参与进来，学生的合作能力、动手能力，以及科任老师、家长的支持与配合程度都大大提升了，甚至老师和学生、家长和学生之间的一些小矛盾也自然而然地化解了。

虽然我们进行了班级精细化管理和主题文化建设，但是由于班主任自身性格的限制，每个班级取得的效果是不一样的。

有热情、有想法的班主任所带的班级，很快就形成了良好的班风，学生的行为习惯好，班级凝聚力强，学生的个人能力提升很快。班级的学生、老师、家长配合度很高，班级的各项工作开展得有声有色，而一些比较稳重的老师在进行班级精细化管理和主题文化建设时，或者是没有实施，或者是打折实施，效果不明显。怎样调动班主任的积极性，是我们接下来要做的工作。

虽然我们通过这种管理模式带动了一部分家长参与到我们的班级管理中来，但是仍有部分家长并没有参与。如何让更多的家长参与到班级管理中来，是未来我们要思考和解决的难题。

我们进行班级精细化管理和主题文化建设的目的是提高学生的自我管理能力，进而使学生提升自我学习能力。但是在课题研究过程中，我们发现学生在学习能力提升方面进展缓慢，暂时没有达到我们预期的目标，所以怎样把德育实效转化为学习实效是我们接下来要研究的方向。

在班级精细化管理课题实施过程中，我们完成得较好。但是在主题文化建设方面，我们还有很长的路要走。因为我们虽然进行了班级环境文化建设，但是在精神文化和活动文化方面还未构成体系，在学生文化素养方面还有待进一步提升。

建设班级文化可以从以下几方面着手：

班主任和学生共同制定班级文化建设的主题。在学校的统一指引下，各班级均以精神文化建设为主要内容，努力营造浓厚的班级人文氛围，努力创建符合素质教育要求的、既能体现时代精神又能育新人的班级文化体系，建设富有个性化又积极向上的班级氛围。

结合学校文化主题，制定具有班级特色的班名、班徽，将班级倡导的精神制成标语、口号、班训。

班级设置展示区、学习区、评分栏等不同板块，用于张贴班级公约、优秀作业、被表扬学生名单等，供班级日常使用。

发挥每一个学生的创造力，积极参与教室布置，让每一堵墙“说话”，力求打造美观温馨又充满个性化的班级环境，如设置个性化的卫生角、图书角、照片

墙、荣誉墙和散发生机的小花园，还可以饲养小鱼或者小龟之类的动物，不仅布置好美观的教室，还培养了学生照顾植物、动物的爱心和责任心。

定期开展丰富的班级活动，增强班级的凝聚力，强化班级的核心价值观。

班级文化建设的最终目标，是营造一个具有良好班风、学风的班级环境，让每一个孩子在温馨友爱又积极向上的班级环境中健康快乐地成长、成才！

班级精细化管理

学校一贯提倡：教学为本，德育为先。因此，笔者带班时一般都会从常规入手。严抓习惯养成，把这一思想渗透到每一个细节管理中，把每一件小事做到极致，班级精细化管理就这样应运而生。精细化管理就是落实管理责任，将管理责任具体化、明确化，就是人人都能进行自我管理，处处有人管理，事事有人管理，每个学生都能根据自己的特长、能力来参与管理。

目前班主任工作并不受青睐，因为班主任工作忙（处理不完的学生问题、家长问题，应付不完的各种检查、各种活动和评比），班主任工作累（学生状况不断、家长问题多多、教学任务繁重），班主任责任重（学校要求安全不能出问题、家长要求学生不能有问题、学生要求老师不能有缺点）。

怎样才能改变这种现状呢？笔者探索实行班级精细化管理。精细化管理首先要有法可依，让学生明确自己应该怎样做。

首先师生共同制定班级公约。

“墨荷飘香班”班级公约

1. 学习类

（1）遵守课堂纪律，积极配合老师，主动思考问题并举手回答问题，同时做好课堂笔记。按时完成作业，并且能够做到保质保量。

（2）自习课自觉学习，保证教室安静。没有老师在场时，不允许讨论问题。

（3）每天第一节课之前，各小组组长收齐作业交到课代表处，并由课代表交给科任老师，同时统计出没有上交作业或者作业完成得不认真的学生名单，交给班主任和科任老师。

（4）7：45 开始早读，要求同学整齐地大声朗读，听从课代表统一指挥。

2. 纪律类

（1）按照学校作息表，按时到校，按时离校。早上7：20到校，下午2：10到校，下午5：45离校。

（2）值日生7：30之前把教室卫生打扫干净，到校的同学负责自己的卫生区域，做好保洁工作。

（3）搬运早餐的同学7：20把早餐拿到教室，吃早餐的同学不允许浪费、糟蹋粮食，7：35要吃完早餐，并收拾好，值日生把讲台打扫干净。

3. 文明类

（1）见到老师要问好，进出老师办公室要敲门。

（2）老师到达后，全体学生起立，整齐地大声向老师问好，得到老师的许可后方可坐下。

（3）使用文明用语，不随便给同学起绰号。举止、发言有分寸，不在课堂上说与当堂内容无关的话。

4. 卫生类

（1）积极劳动，依照安排各自完成应尽的义务。每日的清洁工作包括清扫教室、擦黑板、摆正桌椅，并把清洁工具摆放整齐。

（2）同学要爱护学校的公共环境和公共财物，不乱抛垃圾，不在教室、桌椅上乱涂乱画。

（3）不允许把饮料、小食品等带入教室。

5. 安全类

（1）同学之间发生矛盾时，应该采用温和的解决方式。若解决不了，可以报告老师。在校外遇到问题，立即报告家长、老师，必要时报告派出所。

（2）课间不允许同学在教室内外追逐打闹。上下楼梯要注意安全，体育课要服从老师的安排，不要随意做危险动作。

（3）放学按时回家，不在学校门口停留。

（4）课间不许随意串班，串年级，串楼层。

6. 生活类

（1）依照学校规定穿好校服，校服要求整洁干净，不允许随意改造校服。穿以白色为主的运动鞋。

（2）无论何时，最后离开教室的同学要记得关灯、关风扇、锁门。

7. 运动类

（1）按时参加课间操，出席活动要做到快、静、齐，认真对待体育锻炼课。

（2）运动之前要先做准备活动。

8. 其他类

（1）早读期间不允许同学做与早读无关的事情，包括补作业、收作业、发作业、打扫卫生等。

（2）听到预备铃声后，学生立刻进入教室，课代表组织学生读书，等待老师到来。

有了公约，班级工作由谁来做呢？精细化管理就是人人有事做，所以把班级的工作分成不同岗位，学生根据自己的兴趣、能力自由选择岗位。

“墨荷飘香班”班级分工

职务分工：

语文课代表：2～4人；数学课代表：2人；英语课代表：2人；物理课代表：2人；地理课代表：1人；历史课代表：1人；生物课代表：1人；政治课代表：1人；电脑课代表：1人；作业布置员：1人；组长（收作业）：6人；平台管理员：1人；考勤记录员：1人；关灯关风扇员：1人；空调管理员：1人；班级纪检员：2人；采购员：1人；会计：1人；课间保洁督促员：1人；教室值日生：40人。

常务班长：美煊

值日班长：

周一：幸子；周二：易；周三：源；周四：荣；周五：莹。

学习部：幸子；文明部：易；生活部：源；卫生部：莹；运动部：薇；纪律部：阳；安全部：锦；宣传部：甜甜；文艺部：晚晴；电教员：宜。

值日分工：

扫地：第一组、第二组、第三组、第四组（每组1人）。

桌椅：4人（每人1组）。

讲台：1人（打扫讲台卫生）。

黑板：5人（每天1人）。

玻璃、窗台：12人（2人一块）。

柜桶：1人（摆放整齐）。

第一组：东（扫），荣（摆）。

第二组：源（扫），宜（摆）。

第三组：晚晴（扫），瑶（摆）。

第四组：幸子（扫），宜桓（摆）。

讲台（地面、桌面）：烨（地），艳（桌）。

黑板（槽）：康。

柜桶：钰（里面、外面）。

玻璃、窗台：
第一块：海鎏（里），丹瑜（外）。
第二块：美煊（里），军铭（外）。
第三块：倩（里），景星（外）。
第四块：薇（里），元（外）。
第五块：明珠（里），甜甜（外）。
第六块：晓东（里），亦扬（外）。
以上各组每月轮换一次，学生自由选择工作任务。

早餐分工：
搬运、分发早餐：思雨、永轩、皓文、莹。
早餐后打扫卫生：思雨、永轩、皓文、莹。

分工后，对学生进行评价，以便让学生更积极地参与到班级管理中，同时也实现学生的自我管理。评分内容既要有加分项，也要有减分项。这样被扣分的学生可以通过其他方面加分，不断提高自己的分数，不至于因为分数过低而不能参加评比，否则就达不到班级精细化管理的目的。

“墨荷飘香班”班级评分

一、加分项

1. 学习类

（1）在活动、比赛中获得前三名，可根据所获名次加分。年级比赛前三名分别加4、3、2分；校级比赛前三名分别加7、6、5分；市级比赛前三名分别加10、9、8分。积极主动参加活动但没有获得名次的，加1分。

（2）考试成绩年级前30名，加10分；年级31~100名，加5分。成绩进步80名或以上，加5分；进步31~80名，加3分；进步10~30名，加2分。

（3）帮助同学提高成绩的，加3~5分。

（4）一周作业全齐的，加2分。

（5）作业完成出色或有进步，老师有特别表扬的，每次加1~2分。

（6）课堂回答问题，表现积极或者回答出色的，每次加2分；公开课上表现出色的，加4分。

2. 纪律类

（1）主动劝阻同学犯错误（如课堂讲话、睡觉、顶撞老师、课间打闹、不按时交作业、不认真进行体育锻炼、玩手机、不按时回家、夜不归宿、打游戏、打架、吸烟、破坏公共财物）的，加5分。及时向老师反映班级事情，根据事情的程度酌情加3~5分。

（2）按时到校，不迟到、不早退、不旷课持续一个月的，加4分。

3. 卫生类

（1）值日认真，保持干净（包括桌椅摆放、地面卫生、黑板擦拭、讲台整洁、卫生角整洁、扫把拖把摆放）的，加2分。

（2）保持桌面柜桶整齐的，加2分。

（3）保持个人服装、头发、指甲卫生的，加2分。

4. 生活类

（1）说服家长支持学校工作的，加5分。

（2）家长为同学讲课一次，加5分。

（3）为班级、年级做好事（捐物品、养植物、出黑板报、出班刊、帮老师做事）的，加2~5分。

（4）一周全勤的，加1分。

（5）主动帮助同学（学习方面、思想方面、生活方面）的，加2分。

5. 文明类

（1）同学之间发生矛盾时，能理智解决的，加5分。

（2）能感恩老师，主动帮助老师做事情的，加5分。

6. 其他类

受老师及班长或者值日班长表扬的，每次加2分。

二、减分项

1. 纪律类

（1）上课迟到、早退者，每次扣1分。

（2）穿错校服、少先队员升旗日没有佩戴红领巾的，每次扣1分。

（3）上课预备铃响后，吵闹的，经班长提醒无效者，每次扣1分。

（4）上下课没起立，经教育提醒一次还不改正的，每次扣1分。

（5）上课铃声已经响起，还在教室外面慢慢走的，依实际情况扣1分。

（6）上课不带书，不做笔记，经教育还屡犯的，扣1分；老师留堂，偷偷溜走的，扣1分。

（7）吃早餐时或者下课后，在教室与走廊追逐打闹的，每次扣1分。

（8）发现一次不诚信的行为，扣100分。

2. 生活类

（1）在桌子上故意涂画的，每次扣1分，并且要求擦洗干净。

（2）带零食进班级的，每次扣1分。

（3）上课喝饮料、吃东西的，每次扣1分。

（4）无故不值日，或值日不认真的，每次扣1分。

3. 运动类

（1）无故缺做课间操或不参加升旗的，每次扣1分。

（2）不做或不认真做眼保健操，经班干部提醒仍不改正的，每次扣1分。

4. 学习类

（1）大考退步31～80名的，每次扣2分。

（2）期中或期末考小科目成绩不及格的，每次扣2分。

（3）抄作业者，借的同学和抄的同学，每人每次扣3分。

（4）考试作弊的，每次扣10分。

（5）没交作业的，扣2分；作业上交了，但是质量不合格的，扣1分。

班长月评分表

姓名	时间	迟到	早退	卫生	助人	作业	课堂	活动	考试	纪律	备注
同学1											
同学2											
同学3											
同学4											
……											

值周班长周评分表

姓名	时间	迟到	早退	卫生	助人	作业	课堂	活动	考试	纪律	备注
同学1											
同学2											
同学3											
同学4											
……											

学生自评表

姓名：__________

时间	迟到	早退	卫生	助人	作业	课堂	活动	考试	纪律	备注

初中学生还是比较看重奖励的，所以在精细化管理中，要注意对学生进行奖励。

“墨荷飘香班”班级奖励

特别说明：每周一班主任会赠送每个学生100分，周五总结完毕后清零，下周一再重新开始。每周能够保持分数在100分及以上的学生，老师都会通报家长进行表扬。

一、“最佳小组”的评比

每周评选出平均分最高的三个小组，获得“最佳小组”。

二、“进步小组”的评比

每周得分进步三名以上的小组，获得“进步小组”。

三、“每周之星”的评比

学生根据班级公约，先自评，然后由小组长汇报评定分数，班级得分最高的十五名同学获得“每周之星”。由班主任发奖状，家长适当奖励。

四、“进步之星”的评比

每周得分在小组中进步三名以上的同学，获得“进步之星”。由老师向家长发表扬通报，家长适当奖励。

五、“每月之星”的评比

“每月之星”由当月得到最多的“每周之星”自动生成，每月评出五名。“每月之星”可根据班级实际情况进行奖励（奖品由家长提供）。

六、“学期之星”“三好学生”的评比

学期之星，即一个学期以来得分最高的十名同学，被评为“学期之星”，由学校授予“三好学生”奖状，并给予班级奖励。

除了以上奖励之外，还有其他奖励方式。

（1）物质奖励：所谓物质奖励，就是对表现好的学生可以奖励一份小礼品，选择学生喜欢的或者需要的，既达到奖励的目的，更激发学生的兴趣，让他们为了喜欢的东西而努力。

（2）精神奖励：精神奖励除了上面提到的评比方法，还可以通过短信的形式向家长报喜，把学生的表现及时通报给家长。或者在班级群（微信群、QQ群）里，公开表扬学生，既表扬学生也表扬家长。

（3）活动奖励：活动是学生最喜欢的一种奖励方式，因为初中的学习任务重，学生平时可以用来自由活动的时间少，所以在保证学生安全的情况下，让学生自由组织活动，或者自由活动。这是最受欢迎的奖励形式。

“墨荷飘香班”班级活动

班级活动表

时间	活动名称	备注
9月1日	开学典礼	学校统一开展
9月10日	教师节献礼	学校开展，班级组织个性化活动
……	……	……

1月5日：最“美”行为大赛；
3月1日：开学典礼；
3月2日：“美”的分享；
3月5日：“莲花杯”阅读分享会；
3月12日：生日会；
3月19日：诗歌朗诵；
3月26日：诗歌咏莲；
4月5日：“美”在心灵；
4月29日：期中考试；
5月4日：“莲花杯”习惯大比拼；
5月11日：家长会；
5月22日：“莲花杯”阅读分享会；
5月29日：六一退队仪式；
6月18日：生日会；
6月30日：“美”人大赛；
9月1日：开学典礼；
9月10日：教师节献礼；
9月18日：“美”人在身边；
9月19日：“莲花杯”我与莲花的缘分；
9月24日：生日会；
9月26日：军训；
10月8日：“莲花杯”教室环境美化；
10月15日：“莲花杯”习惯养成；
10月25日：生日会；
10月30日：“美”人在身边；
11月7日：期中考试；
11月18日：家长会；
11月26日：生日会；

12 月 1 日：运动会；

12 月 13 日："莲花杯"走进"莲"古诗；

12 月 22 日：生日会；

12 月 29 日：元旦联欢会。

很多活动在开展的时候，需要得到家长的帮助，也能达到促进家校合作的目的，实现双赢。班级可以设定一些活动，家长根据自己的兴趣、爱好、时间自由选择；也可以让家长自己定项目，然后发给老师，放进班级活动项目里。

"墨荷飘香班"班级资源

家长资源表

学生姓名	家长姓名	参与项目	联系方式	备注
学生 1				
学生 2				
学生 3				
……				

实行班级精细化管理的时候，六项内容是一个系统，缺一不可。

评分要注意以下几点：

（1）评分内容的操作性要强，内容要精细，评分项目应根据本班实际情况逐年进行调整。

（2）评分的项目里加分项要多于减分项。

（3）班主任经常组织学生学习评分内容，每个学生都要知道评分标准。

（4）公约的制定一定要让学生参与，只有学生讨论通过，才能执行到位。

（5）让学生参与评分，个人的评分交给组长，组长的评分交给值日班长，值日班长的评分统一交给常务班长。

（6）及时反馈，每周评一次分，周五下午统计总分，下周一重新开始，每周一老师赠送每个学生 100 分。

（7）奖励大多数，每个学生到周五只要保持 100 分以上都有奖，给学困生设进步奖。

（8）培养学生的诚信意识。减分项里专门有一条：发现一次不诚信的行为，扣 100 分。

实施的过程中可能遇到的问题及处理方法：

（1）班级精细化管理内容不全面，或者是班主任指导不够，造成学生混乱。

工欲善其事，必先利其器。所以一开始就要认真制定各种表格，根据本班学生特点，老师要及时跟进、指导。

（2）班主任没有耐性，实施一段时间后，觉得没有效果，就把这些表格束之高阁。任何一种方法都不是灵丹妙药，不可能一蹴而就，要坚持按照计划实施。在实施的过程中，做好监督、指导工作。

（3）没有充分发挥家长的作用。调动班级家长参加活动时，不要一开始就抱有一呼百应的心态，慢慢来，总会有人来的。要相信星星之火可以燎原。

（4）班级管理不细，激励机制不到位。班级六项内容的表格制定得不够细，规定的内容不够具体，学生茫然，家长糊涂，老师指导不到位，导致大家都不知道该做什么。此外，对学生的奖励要有所变化，不能一成不变，而且奖励要及时、奖励面要广。

学生的情况不同、性格不同、家庭环境不同，所以要根据学生的特点制定适合本班发展的表格。

班级主题文化建设

为什么要建设班级主题文化呢？因为文化能影响人的思想，文化能引领人的行为，文化能树立人的品质，文化能改变人的命运，所以笔者在班级精细化管理的基础上，打造班级主题文化。

最通俗的文化定义就是一群人长期、习惯性地做某件事便形成了文化。班级主题文化就是通过班名、班徽、班训、班歌、口号、目标、班主任寄语、学生集体照片、班刊及班级各种活动体现出来的。

班级是班主任开展德育工作的主阵地。如何利用这个空间呢？班级文化是班级的一种风尚、一种文化传统、一种行为方式，它自觉或不自觉地通过一定的形式融汇到班级学生的学习、生活等各个方面，形成一种良好的行为习惯，潜移默化地影响着他们的行为。以精神文化、环境文化、活动文化、制度文化建设为主要内容，营造浓厚的班级人文氛围，努力创建符合素质教育要求的、既能体现时代精神又能育新人的班级文化体系，建设富有特色的和谐班级。

一、建设班级主题文化的原因

现在学校的教室，都已经能够保持干净、整洁、整齐。于是我在思考这样一个问题，班级不应只是教室干净整洁，需要对班级有更高的要求，那么通过何种方式来体现呢？美育是德育的一种方式，所以笔者希望能够通过班级主题文化引领班级德育，通过班级主题文化建设培养学生的动手能力，凝聚学生的合作竞争力，激发学生的创造力。

二、班级主题文化建设的过程

班级文化通过加强文化之间的互动，潜移默化地使学生主动接受文化的熏陶，从而不断提升个人境界。在一个窗明几净、富有浓厚文化氛围的班级中，全体学生会自发地形成一股浓郁的学习风气；学习和掌握丰富的文化知识；团结合作、竞争拼搏、勇于探索、勇于创新、热爱劳动；学会发现美、欣赏美、创造美；真诚地与同学和老师相处，友好地进行合作，促进并加快学生的社会化。这样一种积极向上、温馨和睦的环境也会让学生产生强烈的归属感，触动学生自发地加入建设班级文化的行列，使班级文化的建设与学生的发展构成积极互动，有利于取得教育的成功。

笔者所带班级的主题文化是“用美的教育造就美的文化”，以“美”为核心，造就美的习惯、美的德行、美的进取拼搏精神。班级主题文化建设分三个阶段进行，每个阶段侧重点不同，但都注重培养学生的心灵美。

初一重点是：美在心，丽在习（春华主题，初一为起始年级，重习惯养成）。

初二重点是：美在心，丽在行（夏耘主题，初二为过渡年级，重品行德行）。

初三重点是：美在心，丽在搏（秋实主题，初三为毕业年级，重拼搏感恩）。

初中毕业：美在心，丽在忆（冬藏主题，毕业纪念册/光盘，校友联系等）。

根据“美”文化的核心内容，我以“莲”班级主题文化建设为例，阐述班级精神文化、环境文化、活动文化和制度文化中是如何体现“美”这个主题的。

（一）精神文化——班级文化中的“魂”

班级文化中的精神文化主要体现在班名、班徽、班级目标、班级口号、班主任寄语、班集体照片和班歌中。这些内容必须紧紧围绕主题来设计。所以班级文化主题的确定是非常重要的，一般可以通过班名来体现。取班名有两种方式：一种是班名不同，不同年级按学生的发展规律取不同的班名，但有一个中心；另一种是班名相同，不同年级按学生认知发展规律赋予不同的内涵。“莲”文化的班名为“墨荷飘香班”。而“莲”历来被中国文人奉为花中君子，以“莲”为班级文化主题，既体现了“莲”亭亭玉立之美，又取“莲”不与世俗同流合污、高洁傲岸的人格之美。

班徽：最初的班徽是学生从网上下载的，非常契合班级文化主题，但是学生赋予了这个班徽自己的寓意。外圈是黄色的，象征着学生生活在阳光下，被爱包围着；蓝色圆圈说明学校是一个传播知识的海洋；内圈是在知识的海洋中，班级就是承载我们乘风破浪的小船；莲花则象征着学生，学生张开翅膀，从这里起航。

班训：是全班共同遵守的基本行为准则与道德规范，也要和班级文化主题结合，同时在字数上最好能够对称，形成视觉美感。

“墨荷飘香班”班训：出淤泥而不染，濯清涟而不妖。

班歌：可以根据学生自己喜欢的曲子进行改编并围绕主题写词，或者全班一起写词谱曲，也可以直接找与主题有关、有文化内涵的歌曲。

“墨荷飘香班”班歌：“予独爱莲之出淤泥而不染，濯清涟而不妖，中通外直，不蔓不枝，香远益清，亭亭净植，可远观而不可亵玩焉。”学生直接借鉴了周敦颐的《爱莲说》，体现古典文化的韵律美。

班级口号可采用有鼓励作用的简短句子。

“墨荷飘香班”口号：六班六班，莲花一般；雄鹰展翅，王者一般。

“墨荷飘香班”目标：男生要有点君子风度，女生要有点淑女气质。

“墨荷飘香班”班主任寄语：外修于形，内修于心。

（二）环境文化——形

环境会影响学生的行为、习惯，也能熏陶学生的品德和修养，笔者希望通过环境文化建设，达到美化教室、环境育人的目的。

“墨荷飘香班”部分环境布置图片展示：

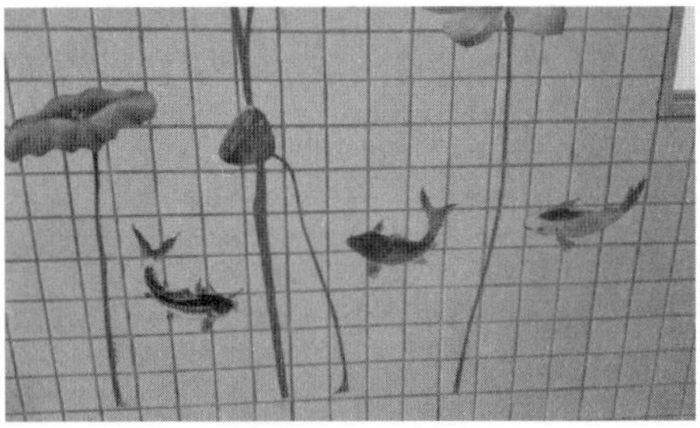

图2-1　外墙

图2-2　班名、班训

图2-3　教室门

图2-4　内墙

(a)　(b)　(c)

(d)　(e)

图2-5　教室角落

(三) 活动文化——神

班级活动可以分为常规活动和特色活动，“墨荷飘香班”开展的常规活动有教师节献礼、生日会、军训、运动会、元旦联欢会等；特色活动是针对“莲”和“美”展开的，有“莲花杯”系列活动和“美”人系列活动。此外还有手抄报活动以及关于“莲”“美”的活动课。

(四) 制度文化——根

在一个班集体中，要制定学生必须遵守的规章制度，长期坚持下来就形成了班级制度文化。

班级制度文化的建设，不仅为学生提供了一个制度化的环境，还为学生提供了评定品格和行为的尺度，从而使每一个学生时时都在一定的规范下自觉地约束自己的言行，朝着符合班级的群体利益、符合教育培养目标的方向发展。面对丰富的班级制度文化，学生学习并吸收内化，这本身也是一个教育过程。

三、班级主题文化建设的成效

班级是学生学习的主阵地，学生一旦置身于班级集体的文化氛围之中，他们的思想观念就会受到潜移默化的影响，日积月累就会形成一种与班级文化相融合的价值观。班级主题文化会时时涤荡着学生的心灵。学生经过长期的耳濡目染，增强了班集体的向心力和归属感，使班级中的每个人精神振作、身心愉悦。班级文化最大可能地成为塑造学生心灵的栖息地。

“海纳阁”班级文化

图2-6 班名

“海纳阁”班级文化设计理念：

统一于校园“以美的教育造就美的新人”的理念，结合珠海的海洋文化进行班级文化设计。采撷“海纳百川，有容乃大”，班级以“心纳天地比海阔，志存高远凌绝巅”为班训，希望学生树立远大理想，学会包容、宽容、坚持、永不言弃。依此设计班级“百川入海的浪花”班徽、海洋班服，开展班级系列文化活动，创设班级小组（海阔天空、海边拾贝、海晏河清、海岛奇兵、海贼王、海啸、海枯石烂、学海无涯）等。

班徽：造型似海浪，表现出同学像汹涌的海浪一般心怀志向、永不退缩，奋勇前行。大海包容千万江河，意味着我们像大海一样，心胸宽广、包容、宽容，能够“海纳百川”。

班训：心纳天地比海阔，志存高远凌绝巅。

班级吉祥物：海海（代表团结、友爱、包容、互助的海洋精灵）。

班歌：《小螺号》。

班服：如图2-7所示。

图2-7 “海纳阁”班服

班级环境文化：班级用“文化墙”与“展板”展示班级自主精细化管理与拓展海洋文化的内涵。

班级有“四面文化墙”：

前墙：扬帆远洋图，题诗“长风破浪会有时，直挂云帆济沧海”，激励学生坚韧不屈，永不退缩。

后墙：浪花图，题诗“不积跬步，无以至千里；不积小流，无以成江海”，鼓励学生日积月累，坚持不懈。

右墙：珠海日出图，题诗“日月之行，若出其中；星汉灿烂，若出其里”，希望学生树立远大的志向。

左墙：静海椰林图，题诗“百川东到海，何时复西归？少壮不努力，老大徒伤悲”，勉励学生珍惜时间，努力学习。

（a）前墙

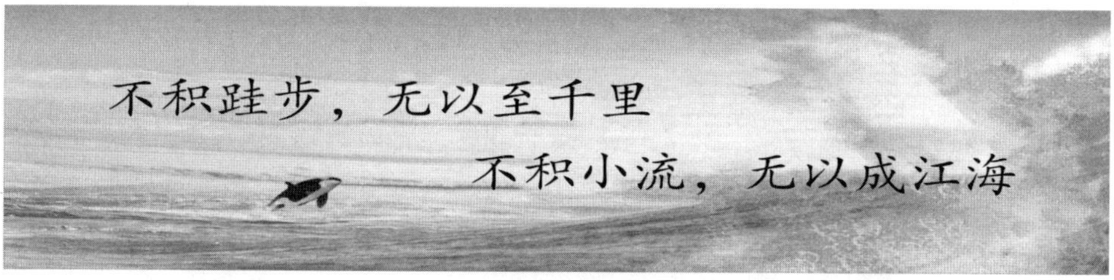

（b）后墙

（c）右墙

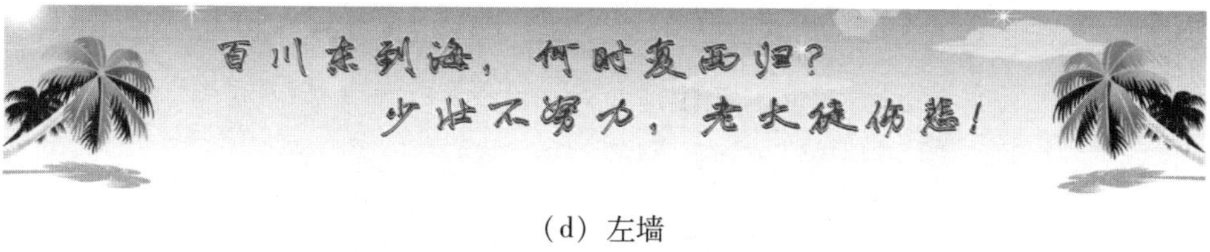

（d）左墙

图 2-8　四面文化墙

班级有“四大展板”：

“海之讯”：班级公约、班务公开。

“海之声”：情感与心声的传递。

“海之礼”：班级精细化评分与懂礼识仪教育。

“海之乐”：校园与班级活动剪影及收获感悟。

此外，“海纳阁”以学生的书画作品、绿色植物、课外读物丰富美化班级环境，给予学生包容、坚持、互助、友爱的生命化教育熏陶，真正做到“以美的教育造就美的新人”。

(a)

(b)

(c)

(d)

图2-9　四大展板

“海纳阁”班级活动

9月：

（1）海之礼：感恩教育与教师节活动。

（2）美在心，丽在习：安全教育、法制教育、校规学习。

（3）初一军训。

10月：

（1）海之礼：“我爱我家”爱国主义教育。

（2）美在心，丽在习：习惯养成的重要性——学会听课。

（3）期中考试动员、学习方法指导。

11月：

（1）海之乐：“左手童年 右手青春”班队活动。

（2）美在心，丽在习：消防安全教育与演练。

（3）运动会组织与安排。

12月：

（1）海之乐：家长进校园“我的文化之旅——日本”。

（2）美在心，丽在习：环保教育与实践。

（3）解读海洋——包容。

（4）元旦活动与安排。

1月：

（1）海之乐：家长进校园“青少年法制教育”。

（2）美在心，丽在习：理想与安全教育。

（3）期末考试动员、学习方法指导——假前安排。

（4）美在心，丽在习：感动班级最美人物评选。

2月：

（1）海之礼：春节习俗展示。

（2）美在心，丽在习：习惯养成的重要性——学会做笔记。

3月：

（1）海之礼：学习雷锋好榜样。

（2）美在心，丽在习：小小志愿者。

（3）读书分享会。

4月：

（1）海之礼：我心中的英烈——珠海名人踪迹。

（2）海之乐：“涓涓父母情，拳拳儿女心”主题活动。

（3）期中考试动员、学生学习方法分享会。

5 月：

(1) 海之乐：家长进校园“流行性疾病的预防”。

(2) 美在心，丽在习：期中考试后……

(3) 解读海洋——拼搏。

(4) 足球赛活动与安排。

6 月：

(1) 海之乐：家长进校园“学会理财——我的金算盘”。

(2) 美在心，丽在习：习惯养成的重要性——学会订正与错题积累。

(3) 期末考试动员，谈谈学习计划与做题习惯。

(4) 美在心，丽在习：感动班级最美人物评选。

给学生的评语

我们知道，平等谈话更能打动人，以朋友的身份，采用第二人称的笔法以及对话形式的评语更易拉近班主任与学生心理上的距离。学生在阅读评语时既能了解自己的情况，又可以感受到班主任诚恳的态度、殷切的希望，从而产生心灵上的共鸣。因此，评语的措辞至关重要，简明清新、委婉生动的语言会令操行评语更富有情感。

1. **东**

头脑聪明，行为可爱，你是老师、同学都喜欢的开心果。课堂上能感受到你的聪明智慧，课间能听到你爽朗的笑声，放学后能看到你忙碌的劳动身影，你回家后能帮父母照顾妹妹，希望你能保持这颗赤子之心。

2. **婷**

你是一个做事认真、学习努力的孩子，班级因为有了你的热心工作而变得更加有序；老师因为有了你的协助而提高了工作效率；同学因为有了你的帮助而不断进步。感谢有你！

3. **星**

聪明又勤学的小精灵，你勤奋、刻苦、上进。更难得的是你的个人综合素养高，特别谦虚，做事谨慎，这些都是成功的要素，所以请相信自己。

4. **妮**

你是一个斯文、秀气的女孩。老师喜欢你的秀外慧中，喜欢你踏实勤学的样子，喜欢你不断努力、不断进步的样子，所以你也要喜欢自己、相信自己。

5. 潼

平时沉默，不喜欢表现自己，但实际上你是一个非常有才的学生。运动会上、篮球赛上，都有你飘逸的身影，如果能在学习上更用点心，相信你会更上一层楼，那将更完美。

6. 枫

学习方面，我看到你拼命三郎的姿态；运动方面，我看到你“铁榔头”的势头。你是一个成绩优异、品行良好的学习榜样，是一个老师们都喜欢的“天之骄女”。如果能把全部潜能发掘出来，相信你会越来越精彩。

7. 平

平时你斯文有礼，与人相处也温文尔雅，但是总给人一种慢慢的感觉，无论何时何事，你都比人家慢一些。希望你能按时上学、按时交作业，还可以快一点，再快一点。

8. 君

你是一个胆小内向的孩子，平时做事总是小心翼翼，不敢担任何责任。真希望你能大胆一点、勇敢一点，迈出一小步，收获属于你的友谊和成功。

9. 江

你是一位聪明、上进的学生，个人能力强，能帮助老师共同管理班级，在学习上也积极努力，但我相信你的能力还没有完全发挥出来，学习上你可以更加踏实勤奋一些，与人相处时可以再诚恳一点。

10. 宏

你是一位有很多优点的学生，个人能力强，能出色地完成老师交给你的各项工作，同时你在学习上也较为努力，而且人缘也很好，有较强的人际交往能力。但是如果你想实现自己的目标，还需更加努力。

11. 庆

你是一位聪明的学生。在学习上可以比别人更轻松一些，这也说明你非常有潜力。如果你能把握剩下的时间，发挥出应有的水平，相信你会有意想不到的收获，加油吧！

12. 遥

你是一个很有灵气的女孩，出黑板报时，可以看到你独特的创意；运动场上，可以看到你挥洒汗水。愿你明天会更好！

13. 欣

你是一位斯文的学生，平时能和同学愉快相处。本学期在学习上能积极主动，成绩也有进步。你弹琴的样子更是引人注目，希望你能用心学习，坚持弹琴，学习与兴趣一起发展。

14. **望**

平时你默默无闻，几乎被人忽视，但是在元旦联欢会上，跳街舞的你光芒万丈，成为众人瞩目的焦点。愿你能更多地参加各种活动，发挥自己的优点，展现自己的魅力，带着自信度过你初中的青春时光。

15. **益**

你是一个上进、做事认真的学生。本学期，在学习上你能够脚踏实地地努力，课堂上你能够认真倾听，操场上能看到你潇洒的身影。同时你的音乐天赋也非常高，舞台上的你熠熠生辉。

16. **坤**

你是一个充满活力、精力旺盛的学生。篮球场上你挥洒着青春的汗水；跑道上能看到你矫健的身姿；元旦联欢会上，你的歌声也独领风骚。如果你能静下心来认真学习，那就是德智体美劳全面发展了。

17. **莹**

遇到你是我的幸运，感谢你帮老师做的工作，辛苦你了。也希望你在实践中能收获满满。你的个人能力强，成绩优异，相信未来海阔天高。加油吧，我的小助手！

18. **盈**

学习上，你没有发挥出自己的潜能；活动中，你不太积极主动；与人相处时，也只活跃在一个小团体中。希望你能明白，只有让自己生活在大群体中，积极参与活动，才是青春该有的样子。

19. **均**

你是一个开朗、活泼的学生，对班级工作认真负责。但是有时候你又很固执，对自己认定的事，总是听不进其他任何不同的意见，这样也让你走了很多弯路，真希望你能学会正确对待别人的意见。

20. **德**

你是个人能力强、关心班级、集体荣誉感强的学生，能够协助老师管理班级。如果在管理班级时，能多点方法，少点粗暴；在学习上能多点毅力，少点抱怨，那该多好啊！

第三编

用文字架起沟通的桥梁

热烈欢迎你，我亲爱的学生

——致初一新生的一封信

亲爱的同学：

当你们看到这封信的时候，初一（9）班这个集体已经形成了，初中生活的画卷即将展开！梅华中学所有的老师已经准备好陪伴年少的你，走过青葱的岁月，收获梦想与荣光！

亲爱的同学，未来已来，诗和远方在等待着你。让我们带着梦想、带着欢乐、带着仰望星空的情怀，更带着脚踏实地的努力，开始我们的征程吧！

跨入中学的大门，意味着你将开始新征程。在初中的校园里，你将结识新朋友，学到新知识，开拓新视野，一切都是新的，欣欣然，张开眼，你准备好了吗？

良好的开端是成功的一半，初一是初中生活的开端，怎样才能顺利度过这个阶段，让自己快速地融入初中生活呢？老师给你们几点意见：

第一，字如其人，练一手好字，打造属于自己的名片。

字如其人，一手好字不仅让人赏心悦目，更能显露出一个人的气韵芳华，同时还是展现自我的必备名片。当你静下心来，一笔一画认真临摹，就是一场自我修炼的历程。正楷建议练《司马彦写字课课练》（七年级上册）和《墨点字帖 楷书 书法等级考试教程》（荆霄鹏）；行楷建议练顾仲安先生的字帖。

第二，阅读，会丰盈你的知识体系，开阔你的视野，更能构筑自己的精神世界。

腹有诗书气自华，一个人的阅读史，就是一个人的精神成长历程。初中阶段是一个人一生中最好的时期之一，这个阶段人的记忆力最好，精力最充沛，大脑在高速发展着。这个阶段大量阅读，会播下精神的种子，撒下人性的希望，涤荡人的心灵。培育出的求知欲和对世界的好奇心，会影响人一生的志趣和修养。

（1）必读书目：《朝花夕拾》和《西游记》。

要求：学会圈点批注，画出好词、好句，写一点阅读感悟。

（2）推荐书目：请从以下推荐书目中选择你喜欢的一本阅读，并写一篇读后感。

①《世说新语》（刘义庆编）；②《蒲桥集》（汪曾祺著）；③《蒋勋说唐

诗》（蒋勋著）；④《草言草语》（鲍尔吉·原野著）；⑤《民国教授》（藏东编）；⑥《荒野的呼唤》（杰克·伦敦著）；⑦《三只虫草》（阿来著）；⑧《顾城诗集》（顾城著）；⑨《当时实在年纪小》（郁雨君著）；⑩《故事新编》（鲁迅著）。

第三，结识一位新朋友，开启新学期崭新的一页。

步入初中，语文课本有了新的模样（人教版2016年7月第1版）。它变得丰富了，文言文变得深邃了，篇幅变长了，语法知识也多了起来。所以你要早一点认识它，多一点了解它，多一点碰撞！通过它，去了解古人的思想，了解古典文化，和它做好朋友。这样的良师益友，一定会让你受益匪浅的！

第四，天才在于积累，聪明出于勤奋。

初中与小学的知识体系相比有了很大的变化，思维体系也发生了变化，所以你要学会知识分类，要学会预习与复习，要不断阅读，拓展自己的知识面，学会实践，善于思考。

第五，劳动是最好的学习。

老师希望你们可以收拾自己房间，有整洁的床铺、整齐的书架、清爽的书桌，房间清洁敞亮！

羊有跪乳之恩，鸦有反哺之义，作为初中生的你应该有一颗感恩的心，勇于承担家务。你可以做一些力所能及的事：洗洗碗、扫扫地、擦擦桌子、做做饭、洗洗衣服、整理房间、陪父母聊聊天、给父母倒茶。你知道吗？一个会劳动的人，不仅会提升自己的生活能力，更会培养你的条理性、严谨性，让你变得感恩、懂事、善解人意，这些将助益你的学习。

第六，读万卷书，行万里路。

亲爱的少年，世界那么大，你有没有去看看呢？你走过山川河流，才知道山河壮美；你领略过汪洋大海，才知道波澜壮阔；你踏过万里平原，才知道幅员辽阔。

希望你旅行前做些功课。因为看得懂比看得见更有意义！希望你看在眼里的是风景，走过的路，亦是他人的风景！希望你一路轻言细语，将惊艳与赞叹妥妥收藏，让宁静与和谐悄悄绽放！

亲爱的同学，愿你从这封信中感受到我的殷殷期望，更祝你赤诚如初，斗志昂扬，步履铿锵！愿你在初中学习的扉页上，描绘一个美丽的开始！

家长，您好

——致初一家长的一封信

尊敬的家长：

您好！当您展开此信的时候，您的孩子已经开始一段新的征程了，他们已经从金色童年进入美好的青少年时期，孩子将要展翅飞翔，将要开启生命中另一段旅程。您是孩子成长路上最好的助力，您准备好了吗？

首先，我得祝贺您，孩子顺利地进入初中阶段，进入温暖有爱的初一（9）班，接下来的三年，我们将会为了一个共同的目标而努力。

进入初中阶段，孩子会发生很大的变化，所以您面临的不是孩子长大了，您可以放手了，而是孩子长大了，管理的难度增大了，您需要提升自己的能力了。

其次，我有几点提醒，恳请您配合：

1. **新学校、新集体、新要求**

明天开始，孩子就要进入新的学校、新的集体，要适应新的规矩。须知每所学校、每个班级、每位老师风格不同，要求自然也不同。虽然大的方向一致，但是因为风格不同，制定的具体规章制度会有所不同，也许不能让您全部满意，希望您可以理解，老师所做的一切，和您的目的一致，都是为了孩子。如果您有所不满，也希望能排除万难，竭尽所能地配合老师。

2. **新目标、新思维、新方法**

新的阶段，我们得帮学生制定新的目标。初中阶段，不得不说的是成绩，所以需要帮学生制定出合理的考试目标。目标要合理、易实现。初中阶段的学习，和小学相比有了新的变化，学生的思维也发生变化，所以要培养学生新的思维体系、思维习惯。学习的知识点变多了，科目多了，学习的难度增大了，所以学习方法也要有变化。

3. **新起点、新挑战、新机遇**

小学已经渐行渐远了，进入初中，孩子们又重新站在同一起跑线上，这是一个新挑战，更是一个新机遇，谁能抓住，谁就能更快地脱颖而出。所以这个阶段，你得清楚孩子的心理变化和生理变化，这样你才能走进孩子的心里，陪同孩子越走越远、越飞越高，才能引领孩子展望未来，开拓视野。

最后，我想告诉您，中学时代是人生旅途中至关重要的黄金时代。对孩子的中学生活，你一定会有期盼。也许您工作很忙，也许您无法解决孩子的学业问题，也许您无法成为孩子的心灵导师，但是您必须要做的是，做好沟通，架起家校合作的大桥，因为您和学校的合作程度在很大程度上会影响孩子的未来。

新的生活已经展现在我们的面前，新的挑战也已经来临，请您全力以赴，请您精诚团结，请您胸怀宽广，请您目光高远。

节假日，我们与孩子共舞

尊敬的家长：

您好！

金风送爽，丹桂飘香。在繁忙的工作中，我们即将迎来国庆节，感谢您对我工作的大力支持和配合，感谢您的理解和信任！本学期我会一如既往地贯彻“一切为了学生，为了学生的一切”的理念，从学生的角度出发，站在更高、更远的格局上，带着孩子们一起走好每一步。

节日期间请您配合做好安全工作，预祝您和孩子度过一个平安、快乐的节日！

温馨提醒您以下几点：

1. 安全方面

安全大于天，所以请您务必注意孩子的安全。

(1) 带孩子外出旅游或走亲访友时，切记“珍爱生命，安全第一”，注意交通安全，遵守交通规则，喝酒不开车，开车不喝酒。

(2) 注意防溺水，没有大人的陪同，不允许孩子独自外出游泳，尤其是室外无人监管的泳池或者海边。

(3) 尽量避免带孩子到人群密集、拥挤、空气不流通的公共场所，如果必须要去，请戴好口罩，勤洗手。

(4) 合家团圆或亲朋好友聚餐时，不要让孩子吃生、冷、硬的食品，更不要暴饮暴食。水果和零食也不能多吃，以免引起孩子的肠胃不适。

2. 健康习惯

健康是前提，坚持运动最重要。

(1) 提高自身的免疫力，加强锻炼身体，劳逸结合，增进亲子之间的感情，可以一起爬山、跳绳、打球、游泳等。

(2) 假期也要有良好的作息习惯，早睡早起。避免孩子长时间看电视，尤其是长时间打游戏，一旦沉迷在游戏中，开学后，学生很难调整回正常的状态。注意用眼卫生，避免眼疲劳，形成近视。

3. 阅读、学习

学习是习惯，天天来打卡。

（1）做好计划，每天完成一部分作业，保持良好的学习状态。

（2）阅读是提高人自身修养的最重要途径，所以，坚持阅读是假期里最有趣的旅程。

此外，节假日期间，请加强对孩子进行爱国教育，并与孩子一起观看中央电视台播放的中华人民共和国成立 70 周年庆典，感受我们伟大祖国的历史巨变，增强民族自豪感。

祝家长们节日快乐！身体健康！万事如意！

初二了，家长应该关注什么？

——致初二家长的一封信

尊敬的家长：

你们好！很高兴再次与大家交流。

令人欣慰的是，孩子们已经平稳地度过了初一的学习和生活，新学期已经来到，孩子们又开始了崭新的学习生活，他们满怀着激动，进入了初二年级。

初二不仅是初中学习生活承上启下的阶段，还是整个中学“高风险”的阶段，因为初二是学生“身心骤变”最为明显的阶段，美国心理学家霍林沃斯称之为“心理性断乳期”，因此，为了能让初二的孩子们继续平稳地度过这个“最危险”的时期，我在这里想和大家一起分享一下初二学生的身心发展特点，并且提供一些针对这个阶段如何与他们相处的建议，希望对您有所帮助。

初二学生的身心发展特点如下：

（1）初二学生的生理变化明显。

13～15 岁是身体生长发育高峰期，这一时期孩子会出现身高、体重的明显变化，更为重要的是孩子身体内部结构会产生质的变化，这是进入青春期生长的明显特点。在第二性征生理发育和性激素的刺激下，男生、女生出现了明显的性心理变化——性意识，表现出对异性有好感、好奇和想接近的心理，这时候就会出现家长和老师熟知的一个现象——早恋。

（2）自我意识高度膨胀。

生理的成熟和社会活动参与面的扩大，使初二学生的自我意识日益增强。一方面他们想要摆脱父母、老师的束缚，拓展自己的空间；另一方面又存在遇到不适应新环境的困难，需要依靠成人帮助。在团队活动中，他们好胜心强，能努力去争取与维护集体荣誉，希望自己在集体活动中得到信任、尊重，特别喜欢展现自己的才能和成就。一旦他们的独立性、好胜心受阻，就会产生极端心理。如果这种自我心理不加以引导，就会导致冲动、异想天开，甚至采取过激、盲目行为，造成不良结果。他们在经济上、思想上和解决问题的过程中都不能完全独立，遇到困难或挫折时，他们更喜欢找同学或同伴倾诉，但是有些问题是需要依靠父母或老师解决的，这就表现出其依赖性的一面，因此，独立性和依赖性的矛盾冲突是初二学生的另一个突出特点。

（3）逆反心理和自卑心理表现突出。

逆反心理和自卑心理在初二学生中表现得比较普遍和突出。这也是导致初二学生不良行为的重要原因。具有逆反心理的学生主要表现为：对老师和家长的教导、劝说和约束表现出强烈的反抗意识，甚至是有意顶撞、否定。一旦家长或老师没有满足他们的要求，他们就会觉得这是家长或老师不尊重他们，是对他们“自我意识”领域的一个挑战，这样就会导致他们经常想方设法与大人对抗。

自卑心理的产生，是因为他们生理、心理的快速发展，特别是进入青春期后，在外形上有了明显变化，这一时期的孩子比较注重外表。因此这一时期，孩子客观上会因长得不漂亮、家境贫寒、体质弱、成绩差而自卑，造成主观上严重缺乏自信心。所以，产生了自卑心理的学生会表现出：一是情绪低落，意志消沉，郁郁寡欢，不苟言笑，慢慢地与同学疏远、对立起来；二是多疑，总认为老师、同学都看不起自己，心境处于一种紧张的“提防”状态。

针对以上提到的初二学生的身心发展特点，我给大家提供了以下一些建议：

（1）对孩子的变化要做好心理准备。

家长应该理解青春期的躁动，如果家长对初二学生心理的发展充分了解，就会对孩子的行为多一分了解，即使孩子出现问题，也会用比较科学的态度来解决。面对处于青春期的孩子，家长要主动学习青春期的生理、心理知识，摒弃传统观念，不要因为觉得孩子还小，而羞于开口，要主动地给孩子普及青春期的知识，让学生更快、更好地接受青春期的变化，接受青春期的自己。

（2）对早恋的处置。

不要谈“恋”色变，其实青春期的孩子远远达不到恋爱程度，更多是一种好奇和朦胧的好感，家长要做的是不动如山、轻描淡写、泰然处之、积极应对、智慧参与。正确引导，不要声张，绝对不能搞得满城风雨。理解孩子，懂得这是他们身心发展的规律，理解他们的情感需求（特别是单亲家庭或问题家庭），同时注意不要轻易把一切涉及性的问题看成性的问题；尊重孩子，尊重他们的人格、情感和隐私，不要将他们早恋的问题扩大，甚至在他人面前指责、谩骂他们，和他们一起静下心来探讨解决方法，寻找父母、孩子双方都可以接受的方法。

（3）尊重理解孩子，做孩子的朋友。

同理心是非常重要的。家长要学会尊重孩子，换位思考，理解孩子。初二是初中相对重要的一个阶段，课业负担也比初一重了很多，父母应该多给孩子一些赞赏，找出孩子的优点并放大，多鼓励孩子，多引导，少强加；多沟通，少指责，减少孩子的逆反心理。

（4）丰富孩子的人生阅历，多和孩子一起参与活动、旅行。

视野决定格局。家长可以多进行家庭活动，和孩子一起去旅行，让他们多去接触外面的世界，增长他们的见识，同时鼓励孩子积极参加校园活动，让他们主动融入群体中，在群体中获得存在感和需要感，这样才能让孩子在阳光、温暖的环境中成长。

最后给大家一点心理老师的倡议：

每周固定时间和孩子进行一场心无旁骛的谈话，了解孩子的内心，也让孩子了解你的内心，心与心的交流是扫除一切问题的法宝。内容可以包括自己的情绪状态、遇到的困扰、人际交往中的烦恼、对老师和同学的期待等。谈心时双方需专注，不可边玩手机（或看电视等其他需要注意力的事情）边谈心；谈心时家长需耐心聆听，多尊重、多肯定；遇到分歧时，家长需冷静。

期待家长可以将你们和孩子聊天时的感受记录下来，和大家一起分享！

初三誓师大会的发言

尊敬的各位老师、家长代表，亲爱的同学们：

大家下午好！非常荣幸能代表初三的老师在此发言，也感谢级长给我这次机会，此时此刻我感到既高兴又紧张。高兴是因为看到我们初三的同学不断成长，收获进步！紧张的是只有100天，我们怎样才能做得更好，收获更多！

光阴荏苒，酷暑已去；时光飞逝，金秋已来。伴随着艰辛与汗水，中考的脚步悄然临近。还记得，2015年金色的秋天，你和学校相遇，就像酸遇到碱，中和放热是必然；师生相处虽不长，探究学习结情感，犹如银氯聚沉淀，不溶水与酸。

今天，我们迎来了2018届初三誓师大会；今天，应该是我们发起冲刺、吹响冲锋号角的时候。今天，是历史长河中的沧海一粟。然而对于我们，今天，开始扭转乾坤、奋力拼搏；今天，开始踏上改变命运的征途。

同学们，九年磨砺，立志凌绝顶；百日竞渡，破浪展雄风！

这么多年，有太多不容易，1 000多个日日夜夜，现在就剩下这最后一年了。

为了报答父母的养育之恩，为了报答学校的培育之情，为了老师的殷切期望，更为了自己的人生梦想！激情，在这神圣的时刻剧烈燃烧；理想，在这庄严的时刻盘旋腾飞。铿锵的誓言，敲响了出征的战鼓，我们要扬起决战的风帆，全力拼搏。奋战一年，我们不留遗憾；坚持一年，我们不负众望；拼搏一年，我们定能夺冠；奋斗一年，我们让未来更辉煌！

愿你们的学习像化学反应一样剧烈而具有激情，愿你们的成绩能像燃烧的镁条一般耀眼夺目，最后希望你们能像王水一样所向无敌，溶解掉所有的困难，走向成功，初三加油！

致毕业生的一封信

中考的脚步渐行渐远了，看着校园里熟悉的教室、熟悉的老师、熟悉的同学，曾经觉得那么不耐烦的一切，都在毕业典礼的钟声中变得亲切了，变得不舍了，变得令人留恋了。敬爱的老师，可爱的同桌，不得不说一声“再见了”。

曾记得在晨曦中，我们琅琅的读书声；曾记得午休的空隙间，我们紧张刺激的偷窥大战——玩手机；曾记得夕阳下，我们肩并着肩，一起奔跑的身影；曾记得因为一件已不记得的小事，我们互不理睬；曾记得因为一件事，被老师狠狠批评的羞愧；曾记得因为某次没有完成作业，却没有被老师发现的窃喜；曾记得我们刚刚入校时的懵懂，所有的一切，都还在昨天，怎么今天我们就要各奔东西了呢？早就知道我们是要分开的，其实都已经做好了准备，为什么还是这么难以接受呢？早就迫不及待地要离开，为何此时此刻又那么希望时间慢一点，再慢一点呢？

流年似水——转眼之间，三年的时光，就这样轻轻地和我们挥挥手说再见了。瞬息而至，我们还没有来得及告别。过去了的，就应该成为亲切的怀念。缅怀过去，只会失去未来更美好的风景。可是埋在心底的记忆却是不可替代的。

从今天起，做一个幸福的人，看电视、打游戏、睡懒觉，这曾是我们无数次期盼的事，如今近在眼前了，你们开心吗？可是我还是想告诉你们，从今天开始，想想自己想做而没有做的事，是不是可以开始做了呢？从今天起，你将离开我们视线的追逐，走入他人的视野；从今天起，没有人会打电话给你，让你来上学；从今天起，没有人叮嘱你，过马路要注意安全；从今天起，没有人絮絮叨叨叫你完成作业；从今天起，没有人强迫你学习；从今天起，没有人逼你体育锻炼；从今天起，没有人为你的错误买单；从今天起，没有人无条件地宽容你；从今天起，老师们只能目送你的背影越走越远。喂马，劈柴，周游世界，从明天起，面朝大海，春暖花开。从明天起，和每一位老师通信，告诉我们你的幸福、你的成功、你的失败、你的荣耀、你的伤心，我们会在这里为你祝福、为你欢呼、为你伤心、为你难过。

谁说初中生活是枯燥无趣的呢？犹记得军训时独自离家的担心与兴奋，广播操比赛时的激动，运动会时的拼搏，篮球赛、足球赛时的付出……似乎是一夜之间，已经听到中考的声音了，体育考试结束了，一模来了，二模走了，三模远了，就连那曾经以为遥遥无期的中考，也挥手与我们作别了。

从今天开始，这一间间曾经充满欢声笑语、曾经经历失落与荣耀的教室，都将像一幅画卷一样停留在记忆的深处，往日不可留，幸好来日犹可追，从今天开始，我们将目送你们一步步走向诗和远方，道一句祝福：大鹏一日同风起，扶摇直上九万里。说一声叮嘱：常回来看看，过去你以母校为傲，未来母校将以你为荣。

第四编

师生风采

教师寄语

新学期，新航向

亲爱的同学们：

大家早上好！狗岁已赢十段锦，猪年更上一层楼！在这万物复苏、播种期望的季节里，我们又欢聚在美丽的梅华中学，共同憧憬新学期的精彩未来！在此，我谨代表学校全体教师向同学们致以新春的问候与祝福：祝大家在新的一年里，健康快乐成长，学习蒸蒸日上！

岁月不居，时节如流。过去，我们取得了很大的进步。学生的成绩再上台阶，各项活动有声有色，学校实力越来越强！我们的成绩有目共睹，我们的发展势头强劲，这是学校领导管理有方、全体教师勤奋努力、广大学生积极进取的共同结果！如今，告别了冬天的寒冷与严酷，百花竞艳的春天向我们展开了笑颜；告别了假期的闲暇与沉寂，和谐温馨的校园又充满了欢声笑语。新学期意味着新的期望、新的憧憬、新的征程。作为教师，在新学期，我们依然本着“对学生负责”的宗旨，以敬业务实的工作精神开拓进取，以满腔热情去迎接新学期的挑战！“甘将心血化时雨，润出桃花一片红”，我们愿倾我们的所有，全力以赴！选择了教师这个职业，就注定我们的梦想、荣誉都与你们连在一起。你们是幸福的，我们才是快乐的；你们是进步的，我们才是欣慰的；你们是成功的，我们才是优秀的。

良好的开端是成功的一半。在新学期，我们期望同学们带上三样东西：第一，带上理想和目标，就像一棵树，正是有了对阳光的渴望，它才可能直插云霄；就像一只鹰，正是有了对蓝天的向往，它才可能遨游天际。有理想的人生才是用心的人生，才能飞得更高，才能飞得更远，才能真正体会到“会当凌绝顶，一览众山小”的境界。第二，带上自信和坚强。旅程中免不了会有惊涛骇浪，会有风沙泥潭，但有了自信和坚强，即使跌倒了你也会爬起来，即使失败了你也会重新来。拿出你“天生我材必有用”的信心，拿出你“吹尽狂沙始到金”的毅力，拿出你“直挂云帆济沧海”的勇气，去迎接人生风雨的洗礼吧！毕竟只有经历风雨，我们才可能见到美丽的彩虹。大浪淘沙，方显英雄本色；暴雨冲过，更见青松巍峨！第三，带上勤奋和努力。“只要功夫深，铁杵磨成针”“书山有路勤为径，学海无涯苦作舟”“少壮不努力，老大徒伤悲”，这些耳熟能详的话语都是古人用毕生的心血换来的真理，它们无时无刻不在警醒着大家：天道酬勤，勤奋和努力才是通向成功的捷径！

同学们，新学期在我们每个人的面前都摊开了一张白纸，那么我们如何在这张白纸上画出精彩的人生画卷呢？要知道，选择了勤勉与奋斗，也就选择了期望与收获；选择了纪律与约束，也就选择了理智与自由；选择了痛苦与艰难，也就选择了练达与成熟；选择了拼搏与超越，也就选择了成功与辉煌！我们都在努力奔跑，我们都是追梦人。“谁持彩练当空舞，且看今朝梅华人。”让我们鼓起勇气，把握航向，扬起风帆，放飞期望，为梅华的美好明天而努力奋斗吧！

最后，祝愿老师在新学期工作顺利，笑逐颜开！祝愿同学们学业进步，全面发展！祝愿我们的学校明天更加辉煌！

谢谢大家！

爱国·爱校·爱家

弘扬爱国主义，敬仰祖国英雄

同学们，早上好！我是海玲，今天我演讲的主题是“弘扬爱国主义，敬仰祖国英雄”。

严冬在春风中消退，不知不觉又是清明时节……我们都知道，一个有希望的民族不能没有英雄，一个有前途的国家不能不敬畏英雄、爱戴英雄。值此清明时节，学校组织部分学生代表前往烈士陵园祭奠先烈。

走上略带沧桑的阶梯，放下手中一束白菊。我想了很多，国，何为国？国就是一定的领土疆域和在这片土地上生活的人们以及人们千百年来所创造的精神文明。爱国，何为爱国？顾名思义，爱国就是对祖国的忠诚与热爱，忠诚于引领我们不断前进的党，捍卫祖国的领土完整，热爱广大人民群众和中华五千年的历史文化。

回顾历史，具有强烈爱国主义精神的中国人不计其数。在祖国母亲生死存亡的紧要关头，是他们用一股股豪情、一腔腔热血，发出了一声声震荡寰宇的呐喊，谱写了一首首波澜壮阔的赞歌。为挽救衰弱的中华民族，他们求索奋斗，折戟沉沙，浴血沙场，马革裹尸……林则徐虎门销烟的熊熊大火，王二小血洒山头的悲歌，刘胡兰宁死不屈的回音，红军战士爬雪山过草地气吞山河的壮举，无不让我们中华儿女呐喊奋起。

从来没有什么岁月静好，不过是有人为我们负重前行。哪怕是在和平年代的今天，也有许许多多的无名英雄在最危险的岗位上矢志坚守、向火而行，用生命守护祖国安宁。2019 年 3 月 30 日，在扑救四川省凉山州木里县森林火灾过程中，受瞬间风力突变影响，山火爆燃，31 名扑火英雄壮烈牺牲，其中 1 人为 80 后，24 人为 90 后，还有 2 名为 00 后。他们恪尽职守，在和平年代最具危险性的岗位上默默奉献，直至生命的最后一刻，永远长眠在我们脚下的这片热土。也正是他们的殷红鲜血，书写了爱国主义最壮丽的诗篇。

捐躯赴国难，视死忽如归，正是由于对祖国母亲的强烈热爱，勤劳智慧的中华儿女创造了辉煌灿烂的文化。而这些英雄人物是中国的脊梁，是民族的骄傲，其事迹、形象和精神已成为中华民族厚重历史的一部分，成为我们民族精神的力量源泉。

“纸上得来终觉浅，绝知此事要躬行。”此时此刻，在这猎猎的国旗下，我倡议：每一位同学，热爱祖国，从唱响国歌做起；服务集体，从乐于助人做起；热爱知识，从快乐学习做起；培养习惯，从辛勤劳动做起；关爱社会，从扶贫救困做起；锤炼真诚，从言而有信做起；遵纪守法，从严守校规做起。

少年兴则国兴，青年强则国强。我们要适应时代发展的要求，正确认识祖国的历史和现实，增强爱国主义的情感和振兴祖国的责任感，树立民族自尊心与自信心；弘扬伟大的民族精神，高举爱国主义旗帜，锐意进取、自强不息、艰苦奋斗、顽强拼搏，真正把爱国之志变成报国之行。今天为振兴中华而勤奋学习，明天为创造祖国辉煌贡献自己的力量！

同学们，爱国是至高无上的品德，是民族的灵魂。为了学校的荣誉，为了我们肩上的重任，为了中华民族的腾飞，我们要努力学习，做一个无愧于人民的，具有爱国主义情怀的，立志为国进取的中学生！

天下兴亡，我的责任

亲爱的同学们，大家好！我演讲的题目是“天下兴亡，我的责任”。

相信大家都知道，“天下兴亡，匹夫有责”这句名言，但最近我看到一篇文章，受了很大启发，觉得“匹夫有责”应该改成“我的责任”，如果人人都说“学校秩序不好，是我的责任；社会不进步，是我的责任；国家不强盛，是我的责任”，人人都主动负责，天下哪有不兴盛的国家？只有具备这种思想，我们的国家才有希望。带着这样的心情再去看，我们的“中国梦”离我们就不那么遥远，反而很近、很近。

然而，安而不忘危，存而不忘亡，治而不忘乱。要实现中华民族伟大复兴的“中国梦”，保证人民安居乐业，国家安全是头等大事。每年 4 月 15 日，是全民国家安全教育日。设立全民国家安全教育日，是《中华人民共和国国家安全法》的一项内容，目的是大力宣传《中华人民共和国国家安全法》及相关法律法规，切实增强全民国家安全意识。

想要保障我们的国家安全，首先需要国家强大起来。国强则需要富国和强军，军队是国家强大的后盾，是保护国家的中流砥柱，是保障人民安全最坚实的力量，他们是一群最可爱的人。

过去，中华民族遭受外敌侵略和侮辱，饱受欺凌之痛时，种种事件都历历在目，让我们明白了一个道理：落后就要挨打。所以，我们的国家需要更强大。我们忘不了甲午战争中为国捐躯的邓世昌，忘不了为掩护队友而用胸口挡住炮口的黄继光，更忘不了千千万万个为保护祖国山河而牺牲的中国军人！

记得刚刚入学的九月，我们去农科所参加了新生国防教育。这是我们告别小学生活、走向初中的第一课。在这里我们穿上军人的服装，守着军人的纪律，俨然一个小小军人。那一刻，我无比自豪！然而走进军营，我才明白，那飒爽的英姿，要用汗水来练就；坚毅的神情，要在磨砺中成长！那几天，军营中铿锵的口令，无数次不厌其烦的动作示范，被炙热的阳光晒黑的脸庞，浸透了汗水的衣衫……教官们严谨的作风、严明的纪律、吃苦耐劳的精神、过硬的军事素质，永远定格在我的记忆中。短短的几天辛苦而充实，短暂而难忘。我像军人那样思考、像军人那样训练，国防教育强健了我们的体魄，增强了我们的集体观念，培养了我们的团队精神，锻炼了我们的意志品质，这些将使我们受益终生。

少年强则国强，作为一个初中生，我们应该从生活的点滴做起，做一个品学兼优、德能兼备的人。时刻准备着，当国家需要的时候，我能够担当重任。中国梦，我的责任；强军梦，我的责任；天下兴亡，我的责任！

我的演讲完毕，谢谢大家！

最美的年华，最好的相遇

尊敬的各位领导、老师，亲爱的同学们：

大家早上好！伴随着流年款款的脚步，相携着时光累累的硕果，满载着岁月殷殷的喜悦，此刻我们相聚于此。今天是梅华中学历史上第一个教师节，我想说虽然我们师生都来自不同的学校，虽然还略显陌生，但是不能否认的是我们在最美的年华，迎来了一次最好的相遇。在这欢乐的日子里，请全体师生不要忘记有这样一个团队，他们受任于兴建之际，奉命于振兴之间，为了梅华中学学子的绽放，殚精竭虑、东奔西跑、事无巨细地操劳着。“腊后花期知渐近，寒梅已作东风信”，大家都能感受到春天的气息。

阳光分班、新生注册、家长会、学生大会、国防教育，各种资料下发、收集，在开学初这段兵荒马乱的日子里，全体班主任紧锣密鼓、有条不紊、秩序井然，给学生创造了良好的班级氛围，而我们的班主任看到学生山花烂漫时，只在丛中笑。

今天开始，我们梅华中学的铃声将要响彻蓝天了，我们梅华学子将要被记入梅华中学的历史了，在你们创造历史的时候，有一群人，开始了他们三尺讲台迎冬夏，一片丹心育“梅花”的新征程，他们已经做好了“零落成泥碾作尘，只有香如故”的准备。

同学们，你们都是意气风发的少年，你们有远大的理想、宏伟的目标、高远的志向。但是在这之前，你们都应该成为一个拥有感恩之心的人，感恩我们的老师，见了老师敬个礼、问声好，上课认真听课，课间遵守纪律，回家高效完成作业，保护自己、爱护自己，这就是你们对老师的报答。

同学们、老师们，今天我们所有师生都以能进梅华中学而骄傲，他年，相信梅华中学也会因我们而骄傲：到那时，相信桃李芬芳满梅华，梅华英才誉五洲，不负这场美好的相遇。

最后，祝福所有的领导、老师工作顺利！节日快乐！家庭幸福！谢谢大家！

提高文明素质，创建文明校园

尊敬的老师、亲爱的同学们，大家早上好！我是壹心。今天我在国旗下讲话的题目是“提高文明素质，创建文明校园”。

国家层面上，习近平总书记曾说过：“要提高人民思想觉悟、道德水准、文明素养，提高全社会文明程度。”在物质丰富、科技发达、国富民强的今天，围绕“文明”进行的社会实践，时时在约束和调整着整个社会与个体的不良行为，尤其在今天，我们更需要文明。

学校层面上，校园的文明直接折射出社会的文明，学校是一个育人的摇篮，是一方纯净的沃土。在梅华中学，我们一起品梅育心，梅品茂风华。在此，我向同学们提出以下两点倡议：

第一，语言文字文明。文明的语言文字是一个人内心精神世界的物质外壳。俗话说：“良言入耳三冬暖，恶语伤人六月寒。”文明的语言可以温暖三九严寒，可以化干戈为玉帛。因此，做文明学生，让我们从文明语言开始，尊重他人，关怀他人，不和他人争执打骂。

第二，行为举止文明。行为举止是折射一个人心灵的一面镜子，是一个人内心精神世界最好的展示。行为举止文明就是要做到尊敬师长，团结同学，关心他人，不打架斗殴，不破坏公物，不让歪风邪气盛行。

就我们而言，初中阶段正处于人生中十分关键的时期，这个时期的所作所为将潜移默化地影响着我们的心理素质。所以，我们每个人都应该在学习知识的同时提升自己的道德修养，养成良好的习惯，并不断提高自我，完善自我。我们应努力做到：在家里，我们是孝顺的孩子；在校园，我们是合格的学生；在社会，我们是文明的传播者。我们每个人的一小步就是社会的一大步，大家的素质都提高了，校园就文明了，社会就文明了。

校长说过：“新的征程刚刚开始，因此需要通过我们良好的精神面貌、言谈举止、行为品德等方面，来展现梅华人的形象、梅华人的精神！”让我们携起手来，加入文明的行列，争做文明使者，以实际行动去迎接梅华中学辉煌灿烂的明天吧！

我的演讲完毕，感谢各位的聆听！

强化安全教育，共建和谐校园

亲爱的同学们，大家早上好！我是欣颖。今天我演讲的题目是“强化安全教育，共建和谐校园”。

安全，也许有人会认为这是一个老生常谈的话题，不值得反反复复地唠叨；而我却要说，安全是我们师生幸福安宁的基本保障，失去它，我们的一切努力将会失去意义。

2018 年 6 月，在珠海市情侣南路南往北方向，一名少年由于没有遵守交通规则，被出租车撞得“嘭”的一声反弹到两三米的高度后跌落地面。该少年由于伤势过重不治身亡。在中国，每年因道路交通事故死亡的人数约 10 万。冰冷的数字背后，是多少家庭的伤心欲绝与支离破碎。

可能有些同学会说，不遵守交通规则的事情偶尔我也干过，我现在不是好好地站在这里吗？我想对这一部分同学说：“道路千万条，安全第一条。”在此我向同学们提出以下几点建议：

第一，要真正提高意识，树立“安全重于泰山，生命高于一切”的观念。同时我们平时要做个有心人，时刻注意寻找和发现身边存在的安全隐患，一旦发现应及时向老师和学校汇报。

第二，要注意活动安全。在课间不互相追逐打闹，上下楼梯不要拥挤，靠右慢行。严禁在楼梯上追逐奔跑，严禁攀爬栏杆、围墙等。身体有某些方面疾病的同学一定要提前报告给班主任，防止在体育课或做其他剧烈运动时发生意外。

第三，要注意交通安全。由于学校临近迎宾南路，校门口也是一条马路，交通状况复杂。同学们要遵守交通规则，听从学校交通志愿服务队的指挥。

第四，要注意财务安全。不要携带贵重物品到学校；上体育课时或放学后离开本班教室，要记得关好电源和门窗。

第五，要注意食品卫生安全。不在校门口和街头流动摊点购买零食，不购买三无产品，防止误食不卫生食品、过期变质食品，造成食物中毒。

第六，对自己的行为应负起安全责任。放学回家不在外面逗留，不要进入网吧等禁止未成年人入内的场所，不到建筑工地、江河、水库等不安全的地方。交友要慎重，不要将社会闲杂人员及以前的同学带入校园内。同学间有矛盾时，一定要冷静、理智，切忌用拳头代替说理，给自己和同学带来不良后果。

同学们，让我们一起尊重生命、爱护生命，时刻加强安全意识，努力提高自我防范能力。每天平平安安到校，高高兴兴回家，让我们的校园真正成为全校师生安全的港湾、和谐的家园！

我的演讲完毕，谢谢大家。

从我做起，爱护绿色地球

同学们，大家好，我是李熠。今天，我国旗下讲话的主题是“从我做起，爱护绿色地球”。

1893 年，孙中山先生起草了政治文献《上李鸿章书》，他提出：“中国欲强，须‘急兴农学，讲究树艺’。”1915 年，在孙中山的倡议下，当时的北洋政府正式将每年的清明节定为植树节，自此我国有了植树节。后因清明节对南方地区来说，时间太迟，同时也为了纪念孙中山先生，国民政府决定将孙中山的逝世日——3 月 12 日定为植树节。1979 年，中华人民共和国第五届全国人民代表大会决定，每年孙中山的逝世日——3 月 12 日为我国的植树节，以纪念一贯倡导植树造林的孙中山先生。

今天，在孙中山先生的故居，还生长着一棵百年以上树龄的檀香山酸豆树。这是 1883 年时年仅 17 岁的孙中山从美国檀香山带回并亲手栽种在这里的。

同学们，你们可以闭上眼睛想象一下，当这个世界不再拥有树木，会是怎样？我们赖以生存的氧气没有了产生的源泉，远处的山坡上没有了那一抹鲜亮浓绿，鸟儿无家可归，家园的土地迅速沙漠化……这一切将变得多么可怕。

现在不仅国家提倡植树造林，人们也明白了植树造林的意义。每年植树节，许多人默默地用实际行动为大地披上绿衣。曾经有一位下岗工人，他用自己生命中最后几年的光阴种下了 36 000 棵树。在这几年里，他始终坚持着自己的目标，坚持着自己的信念。终于，一片茂盛的森林在大地上登场，而他也演绎了自己独一无二的生命价值。

同学们，又到了植树节，我们是不是也要做点什么呢？可能我们没有办法去亲手种一棵树，但是我们可以不随手丢垃圾，不使用一次性筷子，不在公共财物上乱涂乱画，从节约资源和减少污染着手，调整一下自己的生活方式，我们就可以为树木的生长创造良好的环境，为保护地球做出一份贡献。

亲爱的同学们，伸出你的手，伸出我的手，让我们一起播种绿色，让我们一起宣传绿色倡议，让大地拥有更多的绿色吧！

节日纪念

学习雷锋

亲爱的同学们，大家好！我是瑜瑜。

阳春三月，春暖大地，我们总会想起一个不朽的名字——雷锋。

2019 年 3 月 5 日是毛泽东提出“向雷锋同志学习”56 周年纪念日，也是我国第 19 个“青年志愿者服务日”。为了大力弘扬“奉献・友爱・互助・进步”的志愿服务精神，传承中华民族传统美德，培养青少年的优秀品质，我们梅华中学于 3 月 2 日，在学生处、团委、少先大队的引领下，开展了“学习雷锋精神，共创美好家园”的主题活动，同学们积极参与，热心奉献，为环保献出自己的一份力量。

雷锋，在人们心中是善良的化身、助人为乐的典范、无私奉献的代言词。虽多年过去了，但雷锋精神依然深深地刻印在我们的心中。

在学习雷锋月里，我们应该发扬雷锋精神，用自己的一片赤诚、一点点奉献，让 3 月温暖起来，让雷锋精神发扬光大。所以我代表学生会发出以下倡议：

第一，学习雷锋，助人为乐。从小事做起，从点点滴滴做起。积极干好分内工作，不拈轻怕重，不计较得失，让雷锋精神传遍整个校园。

第二，学习雷锋志存高远、胸怀广阔的精神，树立理想并朝着方向去奋斗。

第三，学习雷锋不骄不躁、谦虚的精神。在学习中脚踏实地，认真踏实，如雷锋一般做一颗“永不生锈的螺丝钉”。

第四，学习雷锋朴素不浪费、节俭不奢侈的作风。不浪费一滴水、一度电、一粒饭。早午餐不要剩余。

第五，学习雷锋的集体主义精神。文明知礼，遵守《中学生日常行为规范》，紧跟时代脚步，共创以梅品茂风华的书香和谐校园。

“如果你是一滴水，你是否滋润了一寸土地？如果你是一线阳光，你是否照亮了一分黑暗？如果你是一颗粮食，你是否哺育了有用的生命？如果你是一颗最小的螺丝钉，你是否永远守在你生活的岗位上？……在生活的仓库里，我们不应该只是个无穷尽的支取者。”这是雷锋对人生价值的叩问。他用自己短暂而璀璨的生命，践行了当年自己的诺言——生命的价值就是全心全意为人民服务。

驿路梨花处处开，雷锋精神代代传。让我们行动起来，学习雷锋，秉承雷锋精神，使雷锋精神这棵常青树开遍整个神州大地吧！

谢谢大家！

铭记五四，把握今日

大家好！今天我演讲的题目是“铭记五四，把握今日”。

历史长河大浪淘沙，送走过多少岁月。时代画卷波澜壮阔，记载了无数英杰。今天，就让我们望岁月峰头，伴历史烟云，循火红足迹，踏坎坷征程，一起回味曾走过的风风雨雨。

回首过去，按卷沉思，难忘那群意气风发的青年用热血和生命所谱写的壮丽之歌、绘就的青春之图。

1919 年 5 月 4 日，为了驱散笼罩神州大地的阴云，为了祖国的独立和自由，北京三所高校的 3 000 多名学生代表冲破军警的阻拦，云集天安门，他们打出“誓死力争，还我青岛”“收回山东权利”“拒绝在巴黎和会上签字”“废除二十条”“宁为玉碎、不为瓦全”等横幅，并火烧曹宅，引发“火烧赵家楼”事件。随后，军警开始镇压，并逮捕了学生代表 32 人。那是一场影响深远的伟大爱国运动，他们的爱国精神、为真理和正义而战的精神、不畏强暴和黑暗政治的精神，值得任何时代的青年和学生学习。五四运动的先驱李大钊说过，“历史上的事件与人物，是只过一趟的，是只演一回的”，但“此一回的演行乃永久存在”。

如今，五四运动已作为光辉的一页载入了中华民族的史册。忆往昔，正是这一群青年屹立街头，在中华民族饱受屈辱时毅然挺身，以力挽狂澜之势救黎民于苦难之中。看今朝，更有一群青年长弓倚天对着时代立马昆仑，用智慧和勇气扬起理想的风帆，用拼搏和汗水演绎春华的硕果。

我们有幸生活在这个和平幸福的年代。在这里，我们拥有最美丽的青春。青春是美好的，青春亦是短暂的。只有把握我们现在最美好的中学时代，我们的青春才不会有遗憾！我们现在正是花一般的年纪，我们应当把握现在，努力学习，用知识去开拓一片更高远的蓝天，描绘一幅更宏伟的祖国蓝图，引领一个更美好的未来。

有多少昨日已过去，明日遥不可及，唯有抓住今天才能从容地回望过去，自信地望向未来。我们不是英雄，但我们要做青春枝头最娇艳的花，我们要做大浪潮头最骁勇的弄潮儿！我们要做一只海燕，在暴风雨中搏击！薪火相传、亘古而今，将“五四”铸成一枚赤诚的徽章，让我们骄傲地将它戴在胸前。

即使青春的花开花谢让我疲惫，四季的雨飞雪飞让我憔悴，我也不会后悔！

铭记五四，把握今日。只有这样，我们的青春才会无悔！

谢谢大家。

告别六一

亲爱的同学们，大家好！我是晓璐。我今天演讲的主题是“告别六一”。光阴似箭，日月如梭，一眨眼，十三个春秋就这样悄然逝去，七年级的我们即将告别童年，进入更加充满活力、充满希望的青年时代。

回顾往事，童年已成了过去，已成了回忆，但我们还是需要去为我们的未来、我们的理想去奋斗。成长的路还很长，我们只是到达了人生的一个新的转折点。树林里的小路，正是因为那些曲折的弯道才更富有诗意和韵味；我们的人生也一样，正因为成长路上的困难，才让我们收获更多，感悟更深！

在人生的漫途中，我们到达了全新的路口，正面向未来做出选择。

我们即将挥手告别童年！

过去了的，总让人亲切也怀念；未来，却又是那么朦胧而令人憧憬。未来像一道有多种答案的难题，需要我们分类讨论，从更多的角度去思考；未来又像是一个千变万化的魔方，需要我们有更多的创新理念，不断尝试。今天，在这连接过去和未来的桥梁上，我们需要有一定的信心与顽强不屈的毅力。

我们都希望自己的青春灿烂如霞，那就更需要我们的不懈努力。在未来人生的道路上，会有更多令人意想不到的波折和考验。我们要学会微笑着去面对，平静地去迎接，勇敢地去较量，不懈地去奋斗！我们要相信“阳光总在风雨后”这句话，每经受一场挫折的洗礼，我们都会看到一条崭新的阳光大道！

今年的儿童节，对于我们来说，是一个终点，也是一个全新的起点！我们从今往后不再像以前那样幼稚、柔弱、无知，而是逐渐走向成熟、坚强、独立。让我们用最坚贞的心灵和理念，告别“六一”，告别童年，为自己的理想打下铸造生命奇迹的坚固基石吧！

我的演讲结束，谢谢大家！

劳动最光荣

亲爱的同学们，早上好！我是昭蓉，今天很荣幸能站在国旗下发言，我演讲的题目是“劳动最光荣”。

五月的风吹绿了杨柳，吹醒了太阳，吹出一片如登春台的醉人景色。在这徐徐春风中我们迎来了“五一”劳动节。

五一劳动节是全世界劳动人民的节日。是劳动，创造了这五彩缤纷的大千世界；是劳动，创造了我们欣欣向荣的家园；是劳动，创造了我们今天的美好生活。毛泽东有句名言：“一切坏事都是从不劳而获开始的。”

瑞士作曲家奥涅格说过一句话：“劳动与人类正如树干和树枝连接在一起那样，脱离树干的树枝很快就会枯死。”这说明了劳动和人类发展是密不可分的。没有劳动就不会有今天，更不会有未来。如果没有建筑工人的劳动，又怎么会有一座座拔地而起的大厦？如果没有环卫工人的劳动，又怎么会有一片片一尘不染的土地？如果没有老师的辛勤劳动，又怎么会有一代代精神的传承？可见，劳动是与我们息息相关的。

作为跨世纪的一代，劳动更与我们的生活紧密相连。历史赋予我们重要的使命。因此，我们从小就应该树立主人翁的意识，关心国家大事，热爱自己的家园，树立远大的志向，使自己成为一个有理想、有志向、有抱负、有高尚品质的人。

正所谓“一屋不扫何以扫天下”，劳动更是一个人良好德行和品质的重要体现。作为一名中学生，我们要培养劳动感情，养成劳动习惯，珍惜劳动成果，积极参加社会实践活动。对于每一次值日、大扫除，都要积极参与，认真、仔细地完成。同时，我们也可以从做简单家务开始，如刷碗、洗衣服、拖地等，多参加劳动，养成爱劳动的好习惯。在学习生活中，我们应培养自己的学习兴趣，发散自己的思维，做到脑力劳动与体力劳动相结合，从而完善和发展自己，使我们成为德智体美劳全面发展的优秀中学生。

古语有云：“一年之计在于春，一日之计在于晨，一生之计在于勤。”劳动，不仅仅是一个简单而平凡的词，它更是一种伟大的民族精神。让我们牢记“以热爱劳动为荣，以好逸恶劳为耻”，发扬勤劳勇敢的高尚品德，使我们的人生更加灿烂辉煌！

我的演讲结束，谢谢大家。

珍爱生命

宪法就在我们身边

同学们，大家好！我是来自初一（8）班的昕瑶，今天我国旗下的讲话是“宪法就在我们身边”。

《中华人民共和国宪法》是中华人民共和国全国人民代表大会制定和颁布的国家根本大法，规定了国家的根本制度和根本任务、公民的基本权利和义务、国家机构的组织原则和职权等。宪法具有最高的法律效力，一切法律、法规都必须依据宪法，都不得同宪法相抵触。

宪法的历史可以触摸，宪法与我们的生活更是息息相关。亚里士多德曾经说过：“法律就是秩序，有好的法律才有好的秩序。”对于我们广大初中生来说，遵守宪法就应该从遵守校纪班规开始。我们是祖国的未来和希望，肩负着建设祖国的责任与重托。作家路遥曾说过：“人生有好多十字路口，紧要处只有几步。”青少年正处于长身体、长知识、学做人的人生关键时期，追求独立却难以摆脱家庭依赖，张扬个性却显得叛逆，乐于助人但又缺乏责任心，不懂得如何判断是非，自控能力弱，稍有不慎，就可能误入歧途。

当我们停下回望历史时，我们会发现每一个朝代的兴衰都与律法息息相关。古代至圣孔子的思想核心是以“仁”为本，这也是我们当代人所追求的思想。“仁”是思想核心，是法的基础，而法就是“仁”的外在表现，二者相辅相成，从而实现“创建一个和谐的法制社会”的目标。

谢谢大家！

珍爱生命，预防溺水

各位同学，大家好！我是佳鸿，我今天讲话的题目是“珍爱生命，预防溺水”。

据有关部门统计，近年来溺水事件已成为 17 岁以下人员非正常死亡的首要因素。入夏以来，各地溺水事故时有发生。特别是 5 月以来，各地溺水事故频发。这一幕幕惨剧，向我们敲响了警钟。

近年来的中小学生溺水死亡事故，多发生在周末、节假日或放学后；多发生在无人看管的江河、池塘等野外水域；多发生在学生自行结伴游玩的过程中，有的是结伴游泳溺亡，有的是为救落水同伴致多人溺亡；多发生在小学生和初中生中，且男生居多。

夏季是安全事故的高发季节，预防溺水事故无疑被摆在了重要位置，为积极响应以“防溺水”为主题的安全教育活动，创设更安全的学习生活环境，努力杜绝此类悲剧的再次发生，在此特向全校同学提出以下倡议：

（1）要坚持做到“四不去”：未经家长、教师同意不去；没有会游泳的成年人陪同不去；深水的地方不去；不熟悉水情的江、河、湖、塘、水库不去。

（2）见到有人落水时，不盲目下水施救或者避而不见，而应大声呼救或报警，避免因盲目施救而导致更大的不幸。

（3）每位同学坚持从我做起，严守学校纪律，将学到的防溺水知识运用于实际，坚决杜绝溺水事件的发生。在加强自我安全意识的同时，对于那些违反学校纪律，私自玩水、游泳的行为，要坚决抵制、劝阻并报告学校老师。

水无情，人有情！同学们，你们是家庭的根本，民族和国家的希望与未来，一定要珍爱生命，努力学习，积极要求进步，不断提高自身素质，共同担负起历史和时代的重任。让我们行动起来，珍爱生命，预防溺水，杜绝悲剧的发生。

谢谢大家！

预防毒品危害，保障身心健康

亲爱的同学们，大家早上好！我是美君。今天我发言的主题是“预防毒品危害，保障身心健康”。

大家都认识国际禁毒标志吧！每年的6月26日是国际禁毒日。

“敲开毒品的门，挖好自己的坟！”

“毒品”，一个可怕的名词，只要一不小心就会落入它的魔掌。多少鲜活的生命，因为被毒品妖艳的外表诱惑，从此踏上了一条不归之路。

毒品会让人失去理智，人格扭曲，让和谐的社会蒙上一层灰色的阴影，让成千上万的家庭支离破碎。它不仅毁坏人的身体，还吞食人的灵魂，逼人走上犯罪的道路。记得云南省多年前发生的一起凶杀案，凶手竟然是四名十六岁的花季少年！

十六岁的少年，应该充满青春活力。青春是什么？青春是清晨的太阳，是长出翅膀、翱翔蓝天的纯真心灵，是志在天下的抱负，是绚丽多彩的理想。但是青春一旦和毒品结缘，就会立刻枯萎、沦丧。

他们吸毒，是为了寻找刺激，结果却找到了地狱！这是吸毒者做梦都没有想到的！

我国曾经有过一段遭受鸦片毒害的屈辱历史。如今，在这片神圣的土地上，决不允许历史的悲剧重演。我国执法机关严厉打击毒品犯罪活动，捣毁了一个个贩毒窝点，销毁毒品数以吨计。那熊熊的销烟之火，使我们想起当年民族英雄林则徐的虎门销烟，显示了我国政府禁毒的决心，也显示了我国反毒的民心所向。

俗话说："少年兴则国兴，少年强则国强。"青少年是国家的希望、民族的未来。青少年吸毒，不仅毁了自己的一生，还关系到国家的前途命运。难道我们能够忘记清朝两千万人民深受鸦片的祸害吗？难道我们能够忘记鸦片泛滥使清朝时的中国丧权辱国、积弱不振和民族危亡的屈辱历史吗？

当然不能！所以，为了自己的幸福，为了国家的繁荣昌盛，我们不仅要擦亮自己的眼睛，不受别有用心的人的诱惑，还要敢于同毒品犯罪作斗争！

同学们，让我们一起珍爱生命，拒绝毒品！

我的发言完毕，谢谢大家！

学习动员

期中考试动员

各位同学，大家早上好！我是芷珊。今天由我进行期中考试动员发言。

转眼间，半个学期的生活即将过去，我们马上将要迎来期中考试。它是检验这半个学期教师与学生的教学学习情况的一个重要标准。因此，期中考试对学校、全体师生都有重要的意义。同学们通过考试，对自己的学习情况有一个理性的认识，促使自己巩固所学知识和技能，从学习结果的反馈中，及时获得矫正信息，调整自己今后的学习。因此，每个学生都必须以认真、严肃、负责的态度对待期中考试。

第一，人的记忆遗忘规律告诉我们：遗忘是必然的，世上从来就没有过目不忘的人，因此每个学生要重视考前的复习。孔子说"温故而知新"，就是告诉我们学习要重视复习。一个成绩优秀的学生肯定是肯吃苦、肯钻研、认真复习并掌握科学的学习方法的人。所以希望每一位同学能够在老师的指导下，将所学的知识认真整理、归类，并全面系统地进行复习，争取做到熟能生巧、融会贯通。

第二，考试是紧张的，每一位同学既要重视考试，又要正确对待考试。考试既是对知识的检测，又是对意志的磨炼。考试时要紧张但不能过于紧张，要保持一定的焦虑但不能过于焦虑，要沉着冷静，要对自己充满信心；同时要科学对待考试，认真分析试题，仔细推敲，先易后难。考题你觉得容易，人家也觉得容易，因此遇到容易的题不要忘乎所以，要细心谨慎；考题你觉得难，人家也觉得难，因此遇到难题莫惊慌，要认真思考。许多人考不好是因为粗心大意，把会做的题随手做错了，我们要吸取教训，做到基础题不失分，争取战胜难题，并注意把握时间。

第三，考试同样是一次对行为习惯规范的考验。我们要求做到：

（1）考前准备好文具，不带规定以外的物品、书籍、资料等进入考场，考后注意考场整洁卫生，及时打扫。

（2）考试时应认真安静地答卷，有不清楚的举手问监考老师，不得交头接耳，不得左顾右盼，不得夹带与考试有关的材料。

（3）拿到试卷后，应在规定时间、规定地方答题，开考铃响前不做试题，结束铃响后立即停止答卷，及时交卷。

第四，考试还是一次对做人品行的检测。我想同学们并非第一次参加考试，对考试的纪律是清楚的、明白的。考试是严肃的，来不得半点弄虚作假，中学生应该对自己的言行及可能产生的后果负全部责任。学习上有付出才有收获，有勤奋才有成果，考试作弊是自欺欺人的做法，不能弥补自己学习上的漏洞，相反会让自己失去诚实的宝贵品质，同学们切莫一失足成千古恨。考试作弊学校将给予严肃惩处。希望大家自尊自爱，切勿因小而失大。

中学时代是人生的青春时代，是学习的黄金时期。我们要学会对生命负责，因为我们的生命朝气蓬勃；我们要学会对集体负责，因为我们的集体团结奋发；我们要学会对未来负责，因为我们的未来光明灿烂。同学们，我们每个人都有个性、有自尊，更有一股奋发向上、不甘落后的上进心，衷心希望同学们勤奋学习、认真复习，人人都能取得学业的进步、人格的完善。最后，祝同学们期中考试取得好成绩！

谢谢大家！

期末考试动员

同学们，大家好！我是佳颖。时光飞逝，转眼间，我们在梅华中学已度过了一年充实的学习生活，还有四天我们就将迎来期末考试，也是初一的最后一场考试。丘吉尔曾言：“你若想尝试一下勇者的滋味，一定要像个真正的勇者一样，豁出全部的力量去行动，这时你的恐惧心理将会为勇猛果敢所取代。”我们也应当豁出全部的力量投入这次期末考试中，取得一个令人满意的成绩！

面对这次如此重要的考试，大家准备好了吗？古人云：“凡事预则立，不预则废。”在这里，我想给大家提几点建议：

（1）合理安排学习时间是至关重要的。我希望每位同学能够充分地利用一切时间，根据实际情况，安排切实可行的复习计划。在剩下的几天时间里，利用好课余时间，将知识点都复习一遍。

（2）考试过程中，好的方法很重要，掌握一些基本的答题策略也是考试成功的一个重要方面。我认为应从以下几个方面入手应对考试：浏览全卷；保持卷面整洁；基础题要审题仔细；难题尽量多得分；仔细检查。

（3）我们每个人都应有“诚信考试”的意识，要以饱满的热情和用心的姿态投入复习备考中，公平竞争，诚信考试，杜绝作弊，考出风采。

同学们，我们用智慧培育理想，用汗水浇灌期望。如今，考试的号角已经吹响，拿出你们的智慧，拿出你们的勇气，迎战期末考试！“Watch your thoughts, they become words. Watch your words, they become actions. Watch your actions, they become habits. Watch your habits, they become character. Watch your character, it becomes your destiny.”积思成言，积言成行，积行成习，积习成性，积性成命。

我相信你们会为自己、为父母、为老师、为学校交上一份满意的答卷，为初一的学习生活画上一个圆满的句号。祝大家期末考试都能考出自己理想的成绩！谢谢大家！

人间只道黄金贵，不向天公买少年

小草萌芽思春暖，红梅傲雪斗天寒。东风万里绽桃李，春雨九天摧柳梅。碧野千里春雨润，清风十围稻花香。我们一起走过烈日炎炎的夏日，共同经历硕果累累的秋天，又相携送走辉煌的2018年，在步入2019年后，我们迎来了愉悦的寒假生活。此时此刻，我同大家一样开心、兴奋，忙碌的学习终于告一段落了，可以睡个懒觉、打个游戏、轻松一下了。

但是这里老师也不得不大煞风景地提醒大家注意，利用好假期，因为差距就是从假期开始拉大的。谁能做到闹中取静，谁能在休闲中提升，谁能在逆境中奋进，谁就能掌握自己的命运。

大家要制订计划；参与劳动；每天完成作业；注重锻炼。

人间只道黄金贵，不向天公买少年。匆匆，太匆匆，所以希望同学们能手握时间，快马扬鞭，在阅遍山河美景、看尽城市百态的同时，做个惜时、珍时的好少年，不负这美好光阴、美好年华。提前祝大家新年快乐！学习快乐！假期快乐！

第五编

好书推荐

读书动员

青春作伴好读书

杜甫说:“白日放歌须纵酒,青春作伴好还乡。”我说:“白日放歌需惜时,青春作伴好读书。”今天和同学们分享的话题是“青春作伴好读书”。

读书可以怡情,读书可以养性,读书可以修身,古人说可以一日不吃肉,但不可以一日不读书。我们也应该要苦读、善读、乐读。从阅读中汲取浸润心灵的养料,从阅读中获得前行的动力,从阅读中找到灵魂的归宿。人生最大的捷径是用时间和生命阅读一流的书。

那么我们应该读哪些书呢?怎么读书?教育部给我们推荐了20本必读书,这里一并推荐给大家:

(1)《论语》。
(2)《三国演义》(罗贯中)。
(3)《红楼梦》(曹雪芹)。
(4)《呐喊》(鲁迅)。
(5)《女神》(郭沫若)。
(6)《子夜》(茅盾)。
(7)《家》(巴金)。
(8)《雷雨》(曹禺)。
(9)《围城》(钱钟书)。
(10)《谈美书简》(朱光潜)。
(11)《哈姆莱特》(莎士比亚)。
(12)《堂·吉诃德》(塞万提斯)。
(13)《歌德谈话录》(艾克曼)。
(14)《巴黎圣母院》(雨果)。
(15)《欧也妮·葛朗台》(巴尔扎克)。
(16)《匹克威克外传》(查尔斯·狄更斯)。
(17)《复活》(列夫·托尔斯泰)。

(18)《普希金诗选》(普希金)。
(19)《老人与海》(海明威)。
(20)《泰戈尔诗选》(泰戈尔)。

除此之外，广东省也给我们推荐了 12 本名著，而且是中考的必考篇目。如果你能在初中读完这些书，你的青春是不是更亮丽了呢?

有的同学说，我喜欢阅读，但是我没有时间阅读，怎么办呢? 那我们就一起来找点时间。

初中的学习压力很大，课业压力也很大，平时不会有大块大块的时间，所以我们要养成利用零碎时间阅读的习惯。课间时间，完全可以用来读一篇短文或者半篇长文。外出时随身携带一本书，家里的书籍也不必全部规规整整地摆放在书架上，把要看的书放到经常停留的地方，如茶几上、餐桌旁或是床头柜上，有空闲时间就翻翻看看，随时感受一种阅读的氛围。午休时可以阅读，睡觉前可以阅读，周末可以阅读一些篇幅相对较长的文章，而大部头的名著可以利用寒暑假来阅读。这些时间你都利用了吗? 是不是可以读很多的书呢?

另外给同学们推荐几个阅读方法：一是选读法，即根据自己在课内学习或写作上的某种需要，有选择地阅读有关书报的有关篇章或有关部分，以便学以致用。二是浏览法，即对所读的书报，不是逐字逐句地读，而是快速地观其概貌。用这种方法阅读，对于爱读书报，却无充分时间去细嚼慢咽的学生来说，是十分可取的。三是精读法，即对书报上的某些重点文章，集中精力，精细地阅读。四是摘读法，即用摘抄文章有关内容或重要词句的方法去读。这也是初中生课外阅读中常用的一种方法。例如准备一个摘抄本，把自己喜欢的词句记录下来，需要的时候可以从中选用资料，以丰富自己的写作内容。

“不读书、不吃苦，你要青春干什么”一度成为流行语，所以正处于青春年少时期的我们，让青春作伴，好好读书吧!

谈读书

亲爱的同学们，大家好!

4 月 23 日即将迎来第 15 个世界读书日，4 月也是我国的全民阅读月。今天，我们就一起来聊一聊读书。

中华民族一直是有着热爱阅读、尊重知识传统的民族。同学们从小一定被问过这样的问题："你喜欢读书吗？你知道自己为什么要读书吗？"有同学会回答："我读书是为了得到好的成绩。"除此之外，同学们还会进行额外的阅读吗？

有一句话说得很好："阅读就是和伟大的灵魂进行对话。"阅读可以拓宽我们的视野，让我们从不同的角度认识世界，也可以在阅读中体验不一样的人生。阅读还可以使我们静下心来，培养专注力。与伟大灵魂对话的过程中，为了更好地理解他们的想法，在阅读当中还需要一些小技巧。

有一本非常经典的导读作品——《如何阅读一本书》，这本书介绍了一些阅读方法和阅读思路。作者谈到了阅读的四个层次，第一个层次是"基础阅读"——阅读时要能理解字面上的意思，这点所有同学都能做到；第二个层次是"检视阅读"——阅读完毕能讲出本书大意；第三个层次是"分析阅读"——咀嚼和消化作者想要表达的观点、情感、主题；第四个层次是"主题阅读"——我们不仅仅拘泥于手头上的一本书，而是要联系曾经读过的其他作品，提炼出自己的观点。不难发现，阅读的四个层次都在引导着我们思考。

除了思考，阅读时还要注重语言积累，做读书笔记。老师介绍两种做读书笔记的方法：一种是直接在书页空白处简单写下自己的想法，或是写关键词，便于日后翻看时迅速回顾内容；另一种则是摘抄，摘抄自己喜欢的语句，甚至写下自己的想法，这样不仅能够积累语言，还能提高写作能力。

有些同学可能会问："老师，那我怎样选择一本适合自己的书呢？"我非常推荐大家阅读公认的经典作品，因为经典是经过时间洗礼和历史考验所留下的人类精神世界宝藏，阅读经典的过程就是与人类伟大灵魂进行对话的过程。

有些同学可能还会进行更深入的思考：阅读的终极目标在哪里？关于这个问题，想和大家分享《如何阅读一本书》里的一段话："读一本好书，会让你的努力有所回报。你不只更懂得如何读得更好，还更懂得生命。你变得更有智慧，而不只更有知识。你会成为一位智者，对人类生命永恒的真理有更深刻的体认。"

生活在一个安定繁荣的社会中，我们缺乏的不是物质，而是精神上的养分。所以同学们，一起读书吧！走进那浩瀚的书海，成为更有智慧的人。

四月，正是读书时

亲爱的同学们，大家早上好！我是耀天。春风轻盈，流水静听，又是书香拂面的四月天，让我们以春光为伴，快乐读书。

4月23日是世界读书日，4月也是我国的全民阅读月。为了迎接读书日的到来，学校将在4月开展一系列快乐读书活动，比如“读书漂流”活动、每周一本好书推荐活动、手抄报评比活动、课本剧表演大赛等。这一系列活动旨在培养同学们的阅读兴趣。希望大家能够积极参与，让阅读浸润生活！

为什么要阅读呢？因为阅读虽不能改变我们的命运，却可以影响我们的性格；虽不能改变人生的起点，却可以延长生命的终点。同时阅读可以丰富我们的思想，提高我们对生活的认识，不断丰富我们的精神世界，让我们更加理性地看待现实问题，从而避免走弯路。

有人说，通往人生巅峰的路有千万条。我认为，读书毫无疑问是一条有效途径！

苏轼曾言，“腹有诗书气自华”“读书万卷始通神”。读书带给我们的益处是无法估计的。伟大领袖毛泽东就是一个爱阅读的人，他的中南海故居，俨然是充栋盈车。他认为“饭可以一天不吃，觉可以一天不睡，但书不可以一天不读”，为了读书，他把一切可以利用的时间都用上了，即使外出开会或视察工作也常带一箱书。坚持阅读，成就了伟大的革命领袖毛泽东！

坚持阅读，会在不经意间为你开出一朵美丽的花！在第三季《中国诗词大会》上，一位名叫雷海为的外卖小哥格外引人注目。他一路过五关斩六将，在总决赛上击败北京大学硕士彭敏，获得了总冠军！他时常把《唐诗三百首》带在身边，利用送餐的空隙翻翻背背。“自得读书乐，不邀为善名。”对雷海为来说，坚持阅读，不是为了功名利禄，而是出于对诗词的热爱，让自己能在这个浮躁的社会始终保持一份大气和从容。董卿说：“你所有日晒雨淋、风吹雨打的辛苦，你所有偷偷在书店里背下的诗句，在这一刻都绽放出格外夺目的光彩。你在读书上花的任何时间，都会在某一个时刻给你回报！”

春光美如斯，正是读书时。同学们，去快乐地阅读吧！攀上阅读的梯子，在茫茫星空中摘取一颗属于自己的星辰！愿每一个热爱阅读并愿意为之坚持的人，都会在阅读中遇见更好的自己！

好书推荐

《繁星·春水》推荐词

亲爱的同学们，大家早上好！我是如果。

徐校长在校长寄语里说道：“学习不仅仅在教室、在课堂，更在广泛和长期的阅读!”我们深以为然。学习的场域还应该是更为广袤的生活世界、阅读世界。今天,我想借此机会,跟大家聊聊读书。

今天我发言的题目是“诗里人生”。雨后——/随着蛙声/荷盘上的水珠/将衣裳溅湿了。而你,像一盏灯,将生活点亮了。

我喜欢看书,最爱看冰心的《繁星·春水》。准确地说,我更爱读《繁星·春水》。不管是清晨时分,还是黄昏时分,我都喜欢沏上一杯茶,慢慢吟诵这些短而精的诗句。

读书中的一些小诗,就像听天下儿女的心声,让我第一次通过文字离母亲那么近,那么近。“母亲啊!天上的风雨来了,鸟儿躲到他的巢里;心中的风雨来了,我只能躲到你的怀里”,母爱就是这么感人肺腑。读这些诗句,不禁想起自己的妈妈。想起妈妈在深夜时为我小心翼翼掖的被角,想起妈妈在我生病时无微不至的照顾,想起妈妈在我失败时贴心温暖的安慰,想起妈妈在我考好时自豪骄傲的夸奖,想起妈妈在我睡觉时那杯香甜温馨的牛奶……这些诗,让我靠妈妈更近了,让我读懂了母爱,让我掂量出了母爱的千钧重……

读“童年呵!/是梦中的真,/是真中的梦,是回忆时含泪的微笑”这则小诗的时候,头顶好像被人用小锤轻轻敲击了一下,突然醍醐灌顶,茅塞顿开;读“心灵的灯/在寂静中光明/在热闹中熄灭”这些句子的时候,我突然意识到孤独的美好,领会到真正的豁达和开悟,必然是在静谧和寂寞中慢慢启开的。诗歌,是诗人和上帝的对话。读诗,会让自己的思想天空一重重打开,看到更远更奇妙的浩瀚宇宙。《繁星·春水》中每一首诗宛如夜幕中的繁星,闪闪的,搅动你的心;它又像露珠,晶莹剔透,澄澈你的灵魂。读着它,就像跟奶奶在聊天,娓娓道来。捧起它,读一读,涟漪在心中荡漾开来。再读一读,就会爱不释手了。

《繁星·春水》是一面镜子,可以照出人的困惑,照进人的思考。“墙角的花,你孤芳自赏时,天地便小了”,人总是很容易沉浸在自己的世界里,我偶尔也会“孤芳自赏”,当我有了些小成功,就会沾沾自喜,甚至有点不可一世。譬如当我受到表扬时,我会心浮气躁;当别人向我请教问题时,我会虚荣自傲……因此,同学们会慢慢疏远我,父母、老师会更加担心我。当我读到这节小诗的时候,我观照到了自己,我第一次看见了自己的内心残缺的轮廓,我开始不断思考应该怎样为人处世,思考怎样的成功才是真正的成功……读着读着,内心慢慢被世界的新事物、美好的事物填塞,自己的境界也随之一重重打开,世界也慢慢变得开阔了。

用文字蘸着时间,字字咀嚼,慢慢品尝,这书如黎明点燃黑暗。《繁星·春水》,读着,品着,思考着,我慢慢地不再彷徨,不再迷惘……人生在诗里,诗里悟人生。

“我们为什么要读书?为谁读书?怎样才能读好书?当我们找到这些问题的

答案，就是我们成长、成人的开始。”同学们，让我们一起阅读吧！

我的分享完毕，谢谢大家！

《爱的教育》推荐词

亲爱的同学们，大家上午好！我是孜芝。

我花了整整一个星期的时间，读完了《爱的教育》这本书。我非常喜欢这本书，它也让我很震撼：书中一个个小故事很平凡、很质朴，却非常真实。其中蕴含的浓浓的“爱”，更是激荡于胸，让我久久不能忘怀。

这本书以日记的方式记录了四年级小学生——安利柯的生活和周围的人、事、物。故事里，有善良高尚的卡隆，他总是挺身而出帮助那些弱小者；有聪明懂事的德罗西；还有勤奋好学的柯莱谛，他不善言辞，却毅力非凡；更有和蔼可亲、慈爱温和的新老师，以及热切爱着小主人公并给他指引的爸爸、妈妈……这里洋溢着浓郁的亲子之爱、师生之情、朋友之谊、乡国之感、社会之同情，还有小小少年的爱国之心，小主人公在爱的氛围中渐渐成长。

有感于小主人公安利柯的描述，我眼前一一闪过我的父母、老师、同学、朋友：爸爸、妈妈上班很忙，有时还不回家；老师的眼中只有好学生，普通学生经常被忽略；同学经常因为学习成绩不好，受到大家的嘲笑……为此，我抱怨过、苦恼过。可是，或许当爸爸、妈妈照顾我时，当老师鼓励我时，当同学关心我时，我是不是忽略了？我是不是把他们的关心、关爱当成理所应当？现在我已经渐渐长大，更要学会换位思考，学会理解辛辛苦苦教育我们的老师、养育我们的父母，学会珍惜可贵的友情。

爱是奔腾的热血，爱是跳跃的心灵。书中把爱比喻成很多东西，我想“爱是什么”不会有明确的答案，但我完成了对爱的思考——爱是博大的、无穷的、伟大的力量，爱是我们成长路上不可或缺的。

我真希望大家都能看一看《爱的教育》，我希望把我的爱献给爸爸、妈妈、老师、同学，让大家学会“爱别人”“传递爱”，让大家都能感受到温暖。

《童年》推荐词

大家好！我是伟立。

高尔基曾经说过：书籍是人类进步的阶梯。理从书中得，阅读高尔基的《童年》，让我感受到不一样的童年生活，获益颇多。

《童年》是著名作家高尔基以自身经历为基础所写的一本自传体小说，主要讲了阿廖沙三岁到十岁的童年生活，生动地再现了十九世纪七八十年代俄国下层人民的生活状况。书中的阿廖沙生活在一个弥漫着残暴和仇恨的家庭中，幼小的他过早地体会到人间的痛苦和丑恶。然而在这黑暗的世界中，也是有光明和温暖的：阿廖沙的外祖母慈祥善良，聪明能干，热爱生活，有着宽广的胸怀。她如一盏明灯，照亮了阿廖沙幼小的心灵。她还常常把正义和光明的民间故事讲给阿廖沙听，她不断给阿廖沙以力量，她也在潜移默化中影响着阿廖沙，促使阿廖沙逐渐成为一个坚强、勇敢、正直和充满爱心的人。

这本书整体上严肃、低沉，但小说是以儿童的眼光来描述的，所以又蒙上了一层天真烂漫的色彩。它能使人在黑暗中看到光明，在邪恶中看到善良，在冷酷无情中看到人性的光芒。它以其独特的艺术形式、深刻的思想内容和独树一帜的艺术特色在俄国文学史乃至世界文学史上占有重要地位，具有不可比拟的艺术价值。

读完这本书，我把高尔基的童年生活和我们的童年生活进行了对比。高尔基的童年生活是黑暗的地狱，除了来自外祖母的温情，他感受到的大多是冷酷、无情、压抑。而我们的童年有如天堂般美好，不愁吃，不愁穿，父母呵护我们，老师鼓励我们，有困难时同学帮助我们。然而幸福的我们时常嫌弃这儿，抱怨那儿，身在福中不知福，仿佛是温室里的花朵，不能自立自强。我想告诉大家：珍惜现在的生活，走出自己的舒适圈，努力学习，踏实追梦！正如屠格涅夫所说："想要得到幸福，你首先要学会吃得起苦。"要相信，美好的生活必须有所付出，才能拥有！

读书足以怡情，足以长才；读书使人明智；读书让人灵透。同学们，让我们行动起来，赶紧加入阅读的队伍吧！

我的推荐到此结束，谢谢大家！

《城南旧事》推荐词

同学们，大家早上好！我是雅琪。

今天我向大家推荐的书是中国著名女作家林海音写的一本自传体小说《城南旧事》。这本书写的是林海音 7 到 13 岁在古城北京生活的经历。她深刻地眷恋着北京城，为了留住记忆中美好的童年，就把那些发生过的事情、那些美丽的景色和那些美好的人物都写了下来，让心灵里的童年永存。

小说讲述了 20 世纪 20 年代末，6 岁的小姑娘林英子住在北京城南的一条小胡同里。在那里她遇见了经常痴立在胡同口寻找女儿的疯女人秀贞，秀贞是英子结交的第一个朋友，秀贞的女儿小桂子被家人扔到城根下，生死不明。英子对她非常同情，帮秀贞找到了离散 6 年的女儿，令人遗憾的是母女俩在寻亲过程中惨死在火车轮下。后来英子一家又迁居新帘子胡同，她在附近的荒园中认识了一个年轻人，他为了供弟弟上学，不得不去偷东西。不久后，巡警抓走了这个年轻人，英子十分难过。9 岁那年，英子的奶妈宋妈的丈夫冯大明来到林家，英子得知宋妈的不幸经历，心里十分伤心，最后宋妈被她丈夫用小毛驴接走了。英子的爸爸也因肺病去世，就这样，英子在快乐与悲伤中告别了童年。

每个人都有一个七彩的童年，而英子的童年混杂着友爱、亲情、痛苦、悲伤。和妞儿的友情、和宋妈的亲情、失去爸爸的悲伤与痛苦……英子的童年虽然经历了那么多的曲折，却过得十分精彩，她的童年是真实的、纯朴的、温馨的。

我之所以推荐这本书，是因为在书中，我看到一个天真无邪的小女孩从稚嫩懵懂到成熟的一场蜕变。在英子成长过程中，她遇见了各种各样的人，也认识了各种各样的朋友，有失落也有快乐。林海音生活在社会动荡不定的年代，她生活艰苦，却十分刻苦努力，最终成为中国著名的女作家。林海音在那样的艰苦磨难下，都能奋发学习，而我们生活在无忧无虑、不愁吃穿的新社会中，又有什么道理不好好学习呢？

当所有人都远离惠安馆的秀贞时，英子选择和她一起玩；英子帮妞儿和秀贞母女重逢；为了让她们母女能有钱去寻找妞儿的爸爸，她将钻石手表和金手镯送给她们当盘缠。英子用自己善良宽容的心，收获了真挚的友谊与亲情。

愿我们都能拥有一颗金子般的心，留住岁月美好，余生韵味无穷。

我的推荐完毕，谢谢大家！

《追风筝的人》推荐词

亲爱的同学们，大家早上好！我是贺然，很荣幸今天能够有机会推荐一本好书给大家，我要推荐的书是《追风筝的人》。

“被真相伤害总比被谎言欺骗的好，得到了再失去，总是比从来就没有得到更伤人。”这句话出自卡勒德·胡塞尼的笔下，《追风筝的人》是他的第一本小说。

小说主要讲的是12岁的阿富汗少爷阿米尔与仆人哈桑情同手足。然而，在一场风筝比赛后，发生了一件令人悲伤的事，阿米尔为自己的懦弱感到自责和痛苦，逼走了哈桑，不久自己也随父亲逃往美国。

成年后的阿米尔始终无法原谅自己当年对哈桑的背叛，为了赎罪，阿米尔再度踏上暌违二十多年的故乡，希望能为不幸的好友尽最后一点心力，却发现一个惊天的谎言，儿时的噩梦再度重演，故事如此残忍而又美丽。

为什么我要推荐这本书呢？这本书的故事情节跌宕起伏，一次又一次的人性显露，让读者静下心来细细品味。在书的前半段，哈桑对阿米尔很忠诚，直到最后也守住秘密，这样的品格让我感动。到了后半段，哈桑仍然坚持他的那句话“为你，千千万万遍”，最后的情绪爆发，让阿米尔对哈桑的惭愧在那一刻瞬间释然了，这是良心的解脱。我觉得这本书是一杯茶，尝下去的苦涩，可能是阿米尔对哈桑的内疚，也可能是哈桑对阿米尔的失望。当你再回味的时候，茶的甘甜就像人生一样，经历过内心的斗争才会懂得释然。

《追风筝的人》也揭露了人性的本质与救赎的教育，怯弱、虚伪、善妒、邪恶、自私……人性有太多弱点，而每个人都多多少少沾染着这样的黑暗面。也许每个人的生命里都有一只想要挽回的风筝，每个人都有令自己痛悔的事，我们无法保证自己的心灵永在阳光的照耀下，但重回那个被深埋的地点，直面心灵的拷问，不是每个人都能做到的。

背叛与救赎、失去和追寻，贯穿我们的青春。一次又一次翻新过去的自己，只为更好地走向前方。

最后，每当放飞风筝的那一刻，我们是不是应该问问自己，是否真的珍惜我们所拥有的一切。

我的演讲完毕，谢谢大家！

《红星照耀中国》推荐词

同学们，早上好。我是海纳。

今天我推荐的一本好书是《红星照耀中国》。这本书是美国著名记者埃德加·斯诺的不朽名著。作者真实记录了 1936 年 6—10 月在中国西北革命根据地（以延安为中心的陕甘宁边区）进行实地采访的所见所闻和红军长征的经过以及自己在延安见到的红军高级将领，向全世界真实报道了中国共产党和中国工农红军以及许多红军领袖、红军将领的情况。

我推荐《红星照耀中国》的第一个原因是斯诺同毛泽东、周恩来等进行了多次长时间的谈话，搜集了二万五千里长征的第一手资料。此外，他还实地考察，深入红军战士和百姓当中，口问手写，对苏区军民生活、地方政治改革、民情风俗习惯等进行了广泛深入的调查。二是《红星照耀中国》在政治意义上取得了极大的成功，而且在报告文学创作的艺术手法上也成为同类作品的典范。人物刻画、环境描写以及叙事的角度几近出神入化的程度，而且斯诺的语言诙谐幽默，读来生机盎然。比如他说邓发是在敌人的鼻子底下，在刀口上跳舞，稍有差池，便会遍尝天下所有的酷刑，但邓发居然那样谈笑风生。他说贺龙是“说起话来能叫死人活过来打仗”。对周恩来的描写就相对中规中矩，“他个子清瘦，中等身材，骨骼小而结实，尽管胡子又黑又长，外表上仍不脱孩子气，又大又深的眼睛富于热情。他确乎有一种吸引力，似乎是羞怯、个人的魅力和领袖的自信的奇怪混合的产物”。对于毛泽东，斯诺则用了很大的篇幅来叙述，这在相当程度上也是一个中国革命的故事。在斯诺的笔下，毛泽东被还原成一个有血有肉、有缺点、有个性的人。他描绘了中国共产党人和红军战士坚韧不拔、英勇卓绝的伟大斗争，以及他们的领袖人物的伟大而平凡的精神风貌。

当然给我印象深刻的是一个“红小鬼”的话。当“红小鬼”给斯诺端来水，斯诺更正之前的“喂”的称呼，改称“同志”道谢。“那个少年先锋队员大胆地看着斯诺，‘不要紧，’红小鬼说，‘你不用为了这样一件事情感谢一个同志！’”要知道，这些孩子当时只有十二三岁。我想，红军长征期间，能够大量涌现这样一批被后人赞赏的青年，不仅因为他们有着坚定的信念，当时的政治环境也造就了他们这样坚韧的性格。

《红星照耀中国》这本书让我了解到前所未知的革命与红军战士们，他们如颗颗红星，照耀中华大地。这段历史刻印在我的心中，无法磨灭。

我们要学习红军战士持之以恒的精神，我们要学习他们为中华之崛起而奉献的精神。最后，让我们在五四青年节铭记历史，勤奋学习，不辜负祖国对我们的期望，要做祖国的栋梁，为祖国做更多的贡献。

我的演讲完毕，谢谢大家。

《麦田里的守望者》推荐词

《麦田里的守望者》这本书的主人公是霍尔顿，他是一个四门功课都不及格而被学校开除的少年。他倒扣鸭舌帽，穿大号风衣，抽烟、喝酒，满嘴粗话，因被开除而又不敢回家，于是开始了他为时几日的流浪生活。他厌恶这个世界，他认为大人叫他读书就是为了以后能买辆“凯迪拉克”；他讨厌这个金钱至上的社会，自己却挥霍无度，说自己“不是把钱花了就是扔了”，是个十足的败家子；他讨厌别人谈论酒和女人，自己却酗酒、恋美色，并且在流浪的几天里糊里糊涂地找来了妓女。自己想的和做的无法统一，使他痛苦万分。就在这重重矛盾中，他无法自拔，最终躺在了精神病院中。

《麦田里的守望者》通过第一人称以一个青少年的说话口吻，生动而细致地描绘了一个中产阶级子弟苦闷、彷徨的精神世界，从主人公这一个侧面揭露了资本主义社会追求物质生活而精神生活荒芜的社会风气，道出了资本主义的实质。

主人公霍尔顿的性格深受资本主义社会的影响，既有丑恶的一面，也有反抗现实、追求自己理想的纯洁的一面。正如文章中所说：“有那么一群小孩子在一大块麦田里做游戏。几千几万个小孩子，附近没有一个人——没有一个大人，我是说，除了我。我呢，就站在那混账的悬崖边。我的职务是在那守望，要是有哪个孩子往悬崖边奔来，我就把他捉住——我是说孩子们都在狂奔，也不知道自己是在往哪儿跑，我得从什么地方出来，把他们捉住。我整天就干这样的事。我只想当个麦田里的守望者。”

表面上霍尔顿是个玩世不恭的坏孩子，实际上他却有颗纯净善良的心。他爱自己的妹妹，见她的那晚，霍尔顿说出了“我只想当一个麦田里的守望者”，他想象着在一大片麦田里，几千几万个小孩子在游戏，周围除了他没有一个大人。他就站在麦田边上的悬崖旁守望着，看哪个孩子朝悬崖奔过来就捉住他，不让他掉下悬崖。这是他的一个美好幻想，也是他美好心灵的见证，他希望那些快乐的孩子不要跌入悬崖，而是永远快乐地奔跑，而那麦田似乎象征着物质世界，他希望生活在物质世界的孩子不要迷失自我，不要走向悬崖。正因为他想做个守望者，我找到了霍尔顿可爱的地方。守望是一种难得的情怀、一种勇气、一种姿势，又饱含着一份期盼。尽自己最大的努力去守护一种完美，这才是真正的善良，这种善良让霍尔顿在颓废中也显得那样的可爱。

最后霍尔顿生了一场大病进了医院，至于后来的事，无人知晓。于是留在书中的霍尔顿再也没有长大，他依然是那个天真的、单纯的“坏”孩子。

读《麦田里的守望者》，不会觉得有多么荡气回肠，它亲切得就像一位同窗好友喝着可乐、嚼着零食和你谈天说地。然而，这其中深沉的意味却值得好好地思考、揣摩。

我的演讲完毕，谢谢大家！

《愿你归来仍是少年》推荐词

同学们，大家好！我是宇雯。我今天推荐的书是《愿你归来仍是少年》。

他，8 岁立志当作家，17 岁开始发表作品，30 岁便拿下了当时台湾地区所有的文学大奖。他，年少成名，青年历经世事多变，中年清修得道，老年觉悟万物。他，便是林清玄。

在《愿你归来仍是少年》中，他谈论亲情，谈论失去的青春。他向往少年时那种无忧无虑的生活，久别的故乡、母亲在萤火下的面庞、父亲从乡间带来的蔬菜种子、路边小店飘出的歌声，都让他从中汲取绵密而温柔的力量。全书讲述了林清玄从儿时开始的一段段美好的回忆，有爱恨情仇，也有感人肺腑的亲情。

细细品味全书，作者从稚嫩到成熟，始终保持那颗真心。书中有一句话：“纵便太阳的星月都冷了，群山草都衰尽了，香炉的微光还在记忆的最初，在任何可见和不可知的角落，温暖地燃烧着。”林清玄以散文的形式讲述了自己一生中所得到的爱。在林清玄笔下，他的一生是从无忧到烦恼的。林清玄的儿时充满了爱，他觉得天下都是温暖的。虽然长大后，他的生活有些许不如意，但他保持着少年时所感受到的爱，像少年时一样无所畏惧。

虽然人生的道路很长很长，有很多坎坷，越长大越烦恼，但是林清玄始终没有半句怨言。他认为只要不忘初心，便能方得始终。

走心的文字告诉我们：人生的道路上，不可能一帆风顺，总会有诸多逆境，但是我们都可以不被岁月牵绊，能够一直像少年时那样无所畏惧，充满激情与希望。无论周围的人怎么看待你，我们也要坚持自己的信念，朝着自己最初的梦想，一路前行。

这本充满了乡间情怀的书，没有华丽的语言，但字里行间体现了爱。同学们，读一读这本书吧！也许我们就像书中的林清玄一般，怀着梦想，奋不顾身，慢慢成长！

我的演讲完毕，谢谢大家！

《名人传》推荐词

大家好！我是梓涵。

今天，我向大家推荐一本好书——《名人传》。《名人传》是法国著名的传记小说家罗曼·罗兰在研究艺术史和音乐时创作的。《名人传》包括三位艺术家的传记："贝多芬传""米开朗琪罗传""托尔斯泰传"。

读这本书时，我的心灵被深深地震撼了。这本书主要是写三位非常著名的艺术家——音乐家贝多芬、雕塑家米开朗琪罗、作家托尔斯泰的故事。在读这本书之前，我只知道他们的名气，却没有想到，他们的成长过程经历了平凡人的磨难，他们把克服每一个磨难的过程做到了极致。

贝多芬出生贫穷，四岁开始就不断练习钢琴，他的内心受到了沉重的打击，但他还是坚持不懈地练习。就在他离成功很近的时候，疾病无情地降临在他身上，他的听觉越来越弱，内脏也承受着痛苦的折磨。虽然他的身体越来越弱，但他还是创作了不朽的传世之作《第九交响曲》。我特意去网上搜了这首曲子，伴随着悦耳动听的旋律，脑海中浮现了他的遭遇，对我触动特别大，而且他的大部分优秀作品都是在耳聋之后创作的。贝多芬最终战胜了疾病，战胜了痛苦。他之所以成功，是因为不肯屈服于命运，他改变了自己。他的精神震惊了我，他不向命运低头的精神很值得我去学习。

米开朗琪罗看起来比贝多芬幸福，他既无疾病也不贫穷，从小就接受贵族教育，很有文化素养，但他的父亲看不起他。经过他的恳求后，父亲终于答应可以让他进入佛罗伦萨最大的一个画室学习。他非常刻苦地学习，最终取得了很高的成就，成为著名的雕塑家。我也要学习他坚持梦想的精神。

托尔斯泰不同于前两位艺术家。他出身于贵族家庭，拥有一个美满幸福的家庭，受过良好的教育，有很高的文学素养。他也获得很大的成就，但是他没有因为自己拥有的一切就不努力。他不想虚度年华，想体现自己的生命价值，于是笔耕不辍，最终成为文学巨匠。

看完这本书，我懂得了无论你出身什么样的家庭，富贵还是贫穷，都不要向命运屈服，要掌握自己的命运。只要坚持不懈地努力，总会有成功的一天。

我的演讲完毕，谢谢大家。

附　录

教师推荐书目

1. 《呼吸》《你一生的故事》——特德·姜
2. 《海边理发店》——荻原浩
3. 《风雅宋：看得见的大宋文明》《宋：现代的拂晓时辰》《知宋：写给女儿的大宋历史》——吴钩
4. 《水问》——简媜
5. 《三个火枪手》——大仲马
6. 《唐诗简史》——郦波
7. 《白说》——白岩松
8. 《呼兰河传》——萧红
9. 《月亮与六便士》——威廉·萨默赛特·毛姆（田伟华译）
10. 《我有一个梦》——张晓风
11. 《张晓风散文集》——张晓风
12. 《这才是中国最好的语文书》（小说分册和散文分册）——叶开
13. 《蒋勋说唐诗》《蒋勋说宋词》——蒋勋
14. 《新月集》《飞鸟集》——泰戈尔
15. 《人间知味》——汪曾祺
16. 《万事有心，人间有味》——汪曾祺
17. 《幸得人间茶饭香》——梁实秋、汪曾祺
18. 《人生最美是清欢》——林清玄
19. 《盛开于繁华的季节》——林清玄
20. 《感悟心灵》——林清玄
21. 《愿生命从容》——周国平
22. 《文化苦旅》——余秋雨
23. 《平凡的世界》——路遥
24. 《谈美书简》——朱光潜
25. 《琦君散文精选》——琦君
26. 《人一生要去的100个地方》——辞溪主编
27. 《浮生六记》——沈复（白落梅译）
28. 《简·爱》——夏洛蒂·勃朗特
29. 《毕淑敏散文集》——毕淑敏

学生推荐书目

小说：

1.《飘》
2.《童年》
3.《呐喊》
4.《三体》
5.《简·爱》
6.《活着》
7.《草房子》
8.《永无岛》
9.《红楼梦》
10.《水浒传》
11.《小王子》
12.《狼王梦》
13.《狼图腾》
14.《平凡的世界》
15.《无声告白》
16.《海底两万里》
17.《鲁滨逊漂流记》
18.《追风筝的人》
19.《福尔摩斯探案集》
20.《雾都孤儿》
21.《斑羚飞渡》
22.《云边有个小卖铺》
23.《我是你的守护星》
24.《动物庄园》
25.《穆斯林的葬礼》
26.《兔王圆点点》
27.《射雕英雄传》

28. 《秘密花园》
29. 《悲惨世界》
30. 《星星上的人》
31. 《三国演义》
32. 《在细雨中呐喊》
33. 《格兰特船长的儿女》
34. 《钢铁是怎样炼成的》
35. 《儒林外史》
36. 《家》《春》《秋》
37. 《欧·亨利短篇小说集》
38. 《永恒的终结》
39. 《妈妈不是我的佣人》
40. 《棕熊的故事》
41. 《杀死一只知更鸟》
42. 《棋王　树王　孩子王》

散文：
1. 《目送》
2. 《时文选粹》
3. 《草木人间》
4. 《古文观止》
5. 《湘行散记》
6. 《我很重要》
7. 《我与地坛》
8. 《断舍离》
9. 《文化苦旅》
10. 《回首风烟》
11. 《一生的计划》
12. 《小故事大道理》
13. 《林清玄散文集》
14. 《你要好好爱自己》
15. 《人间有味是清欢》
16. 《人生若只如初见》
17. 《朱自清散文精选》
18. 《最好的杂文和随笔》

19.《有美一朵，向晚生香》
20.《假如给我三天光明》
21.《余生很贵，请勿浪费》
22.《“最美书系”之美文阅读（中学卷）最美的散文 1》
23.《中国最美的散文，世界最美的散文》

诗歌：
1.《楚辞》
2.《繁星·春水》

其他：
1.《读者》
2.《朗读者》
3.《鬼谷子》
4.《林肯传》
5.《名人传》
6.《北纬 30°线》
7.《我们的中国》
8.《了凡四训》
9.《匠人精神》
10.《傅雷家书》
11.《世界上下五千年》
12.《戒了吧，拖延症》
13.《资治通鉴故事》
14.《富兰克林自传》
15.《你只是假装很努力》
16.《中国留守儿童日记》
17.《给孩子讲量子力学》
18.《希利尔讲给孩子的世界地理》
19.《2018 中考满分作文特辑》
20.《狼道：人生中的狼性法则》
21.《世界不曾亏欠每一个努力的人》
22.《你不努力谁也给不了你想要的生活》

初中生必看的20部电影或纪录片

励志电影：

1.《当幸福来敲门》(2006)

如果生活是一个酸柠檬，你可以把它变成好喝的柠檬水；我们无法选择出身，但是我们可以选择对待生活的态度。“我不要似是而非的人生，我要自己做的每一件事都刻骨铭心”，生命总有着惊人的韧性。

2.《国王的演讲》(2010)

身体固有的缺陷不是一个人最大的障碍，怯懦、逃避和止步不前才是。电影为我们展现乔治六世如何一步步克服自身障碍，站在民众面前演讲。破茧成蝶，从来都需要勇气与信心。

3.《摔跤吧！爸爸》(2016)

或许你会有这样的父亲，培养你坚定的意志、不屈的信念，帮你搭建梦想的高台，再默默地目送着你走向巅峰。他希望在你的身上看到自己曾经的影子，更希望看到你成功后灿烂的笑容。父爱如山，从来如此。

4.《天才枪手》(2017)

人生总是面临各种各样的选择，是应该原则至上，还是应该利益最大化？面对选择的困境，我们应该如何取舍？电影从两名中学生的角度展开，用一场场惊心动魄的“枪手”行动揭开人性的另一面。

5.《放牛班的春天》(2004)

“世事不要说死，总有些事情值得去尝试，永不轻言放弃，前方就一定有希望在等待。”这部电影有温馨轻松的故事，有男孩们的天籁，更有成长中的关怀与理解。

6.《流浪地球》(2019)

“希望，是我们这个年代像钻石一样宝贵的东西。”因为有人的付出，希望才得以生根发芽。看完这部电影，你会知道在灾难面前会迸发出多么震撼的人性之美。

7. 哈利·波特系列电影 (2001—2011)

魔幻界不得不看的划时代作品，开启了“巫师狂潮”，却不仅仅打造一个奇幻魔法世界，它还讲述了一群孩子的成长，讲述了勇敢与希望，讲述了抉择与坚守，讲述了生与死的意义……在这一系列包罗万象的作品中，你必然会得到感悟。

温情电影：

1.《怦然心动》(2010)

有的人愈了解愈喜欢，有的人愈了解愈失望。两小无猜的你我，可能会因为各种原因喜欢一个人或讨厌一个人，洗尽铅华后，你会发现一颗金子般善良的心胜过所有。“世人万千种，浮云莫去求，斯人若彩虹，遇上方知有。”

2.《机器人总动员》(2008)

一个有关友谊、孤独、爱情、冒险、英雄、反抗的故事，宣扬了环保理念，播撒着理想主义的绿色种子，童真而美好，惊险又浪漫。就算是机器人，因为“爱”也能充满动人的光辉。

3.《岁月神偷》(2010)

“在变幻的生命里，岁月，原来是最大的小偷。”这个温柔又充满感动的故事会告诉你，岁月也许会偷去生活的安宁和稳定，偷去少年的青涩与纯真，甚至偷去挚爱之人的生命，但它偷不走的是那些风雨飘摇时支撑下去的信念，曾经受到过温暖留在心间的印记。

4.《海蒂和爷爷》(2015)

田园牧歌式的叙事、美丽的阿尔卑斯风光、灵动可爱的孩子们、温情脉脉的人和事构筑出童话般美好的电影。生活就该像海蒂那样活得温暖自然，用心去交朋友，去感受大自然，热爱又坚定自己的梦想，即使是在村野山间也会开出迷人的鲜花。

5.《蝴蝶》(2002)

暖暖的小电影，一个收集蝴蝶的孤独老头，一个单亲家庭的小女孩。淡淡的而又深刻的感情表达，夹杂着很多大道理，一心想追寻的东西，其实就在身边，只是被忽略了。

6.《天堂电影院》(1988)

一个执着追梦的男孩和一个朴实守旧老人的故事。当传统被替代、时代在更替、技术革新以后，青春中那些赤诚与美好是否随之变化。成长总会伴随着丧失与迷失，但爱的表达永远不会变。平淡而感人，深情又隽永，天堂电影院就是所有美好童年的缩影啊！

7.《狼的孩子雨和雪》(2012)

狼与人的孩子是选择做人还是做狼，这部电影讲了一个有关被歧视、被谅解、被接纳的故事。细腻温情的主题加上满眼青绿的画风；两个孩子幼年时期可爱到极点，姐姐暴雨夜在窗帘后倾诉真相、弟弟奔上山巅野性呼叫、母亲放手让孩子自己选择道路，都充满了励志的力量。

8.《寻梦环游记》（2017）

这是一部讨论生死的感人动画，它告诉我们：一个人真正的死亡，是被所有人遗忘。当人逝去后，活在爱你的人的记忆中，他的生命从某种程度来讲就会延续。人生的意义不一定让人得以永生，但可以让人感觉温暖、充满力量。

纪录片：

1.《难以忽视的真相》（2006）

我们能够安然享受着丰富多彩的物质世界，是不是建立在对环境的无情摧残之上？看完这个纪录片，你也许会懂得，作为中学生的我们，不能仅仅只关心眼前的学习和生活，还要从小开始培养大局观和全人类命运共同体的意识。

2.《我在故宫修文物》（2016）

体现中国工匠精神的一部纪录片，文物修复师甘于寂寞、甘于平淡，在与文物的对话中小心翼翼地感受着来自古代的脉搏。文物有灵魂，有生命，它们和人类的内心之美紧紧相连。

3.《中国通史》（2013）

中华五千年的浩荡历史浓缩在短短100集，大气优雅，文辞画面兼美，我们需要了解国家的历史，从这里开始就没错了。

4.《宇宙有道理》（2010）

一部趣味盎然的科普纪录片，讲述了我们所存在的宇宙，也许会颠覆你的世界观。

5.《蓝色星球》（2001）

了解地球才能珍爱地球，了解生命才能珍视生命。

初中生应该了解的20首歌

1.《我相信》（演唱者：杨培安）

2.《怒放的生命》（演唱者：汪峰）

3.《微光》（演唱者：华晨宇）

4.《感恩的心》（演唱者：欧阳菲菲）

5.《奔跑》（演唱者：黄征）

6.《青春修炼手册》（演唱者：TFBOYS）
7.《大鱼》（演唱者：周深）
8.《朋友》（演唱者：周华健）
9.《南屏晚钟》（演唱者：费玉清）
10.《我爱你，中国》（演唱者：廖昌永）
11.《壮志在我胸》（演唱者：成龙）
12.《蜗牛》（演唱者：周杰伦）
13.《海阔天空》（演唱者：信乐团）
14.《挥着翅膀的女孩》（演唱者：容祖儿）
15.《我的未来不是梦》（演唱者：张雨生）
16.《微笑》（演唱者：张杰）
17.《爱拼才会赢》（演唱者：叶启田）
18.《天亮了》（演唱者：韩红）
19.《明天会更好》（演唱者：中国台湾群星）
19.《时间都去哪儿了》（演唱者：王铮亮）
20.《骄傲的少年》（演唱者：南征北战 NZBZ）